Kunst und Handwerk aus Stift Geras

Walter Turrini

INTARSIEN

Eine alte Kunst, leicht erlernbar

rosenheimer

Inhalt

Einführung

Der Werkstoff

Die Werkzeuge

Die Techniken

Die Arbeitsgänge

Vorwort

Dieses Buch will kein Beitrag zur Kunstgeschichte sein, sondern in erster Linie die handwerkliche Technik des Intarsierens und Marketierens vermitteln. Aber wie alle traditionellen Handwerkskünste, so baut auch diese Technik auf überkommenen Motiven auf, die hier im wesentlichen aus den letzten drei Jahrhunderten stammen. Ein wenig Stilkunde ist daher in jedem Fall nützlich, zum einen, wenn man sich den Formenreichtum der Vergangenheit erschließen will, zum anderen, weil das Wissen um diesen Formenreichtum die Grundlage auch für eigene, moderne Entwürfe bilden sollte.

So schwierig, wie die Worte »Intarsieren« und »Marketieren« klingen, sind diese Tätigkeiten gar nicht. Was Sie brauchen, ist sowohl manuelle Geschicklichkeit als auch Ausdauer, von beiden ein bißchen. Der wahre Künstler bei einer Einlegearbeit ist der Werkstoff, aus dem diese hergestellt ist: das Holz. Das Holz in vielen schönen Farben und mit seinen unterschiedlichsten Zeichnungen. Wir Handwerker – und als solche möchte ich Sie und mich bezeichnen – können diese Schönheit zur Geltung bringen.

Wie jede Schönheit hat auch der Werkstoff Holz seine Tücken. Er ist etwas Lebendiges, und Leben ist nun einmal ständig in Bewegung. Er kann aber durch Fachwissen und durch gute handwerkliche Arbeit beherrscht und ungemein vielseitig verarbeitet werden. Die hierzu nötigen Kenntnisse zu vermitteln, soll Anliegen und Bemühen dieses Buches sein.

Wenn bei einer Einlegearbeit die Fugen der einzelnen Furnierteile nicht so exakt zusammenpassen, dann ist das meiner Meinung nach halb so schlimm. Der Ehrgeiz des Spezialisten liegt in der Perfektion. Die persönliche Handschrift aber ist oft an kleinen Unregelmäßigkeiten zu erkennen.

Ich will damit nicht der Schlampigkeit das Wort reden; natürlich ist eine gute Arbeit und ein befriedigendes Ergebnis nicht ohne Mühe zu haben.

Die Intarsie wird der angewandten Kunst zugerechnet. Wenn ich im Titel von einer leicht erlernbaren Kunst spreche, so muß ich das jetzt ein wenig relativieren. Wer von einer guten Handwerksarbeit zur Kunst finden und zum Kunsthandwerk kommen will, der braucht mehr als Mühe: Er braucht jene Unzufriedenheit, welche die eigenen Fehler erkennt, nie aufgibt und von Werk zu Werk reift. Ich wünsche Ihnen die Lust zu dieser Herausforderung. Wie weit Sie auch immer kommen wollen, ich wünsche mir, daß Sie Freude an und mit dieser schönen Arbeit haben.

Name und Geschichte

Der Mensch hat seit jeher das Bedürfnis, die Gegenstände des täglichen Lebens zu verzieren, sei es aus seinem Bedürfnis nach Schönheit oder aus kultisch-magischen Gründen. Es gibt Stücke, die sind 3000 Jahre alt und weisen bereits Intarsien auf. Im Italien des 15. Jahrhunderts wurden besonders viele Intarsien angefertigt, größtenteils bei der Gestaltung von Kirchenmobiliar. Daher stammt auch die Bezeichnung Tarsia Certosina (von certosa-Kloster) da diese Arbeiten vielfach von Mönchen ausgeführt wurden und in den Klöstern Verbreitung fanden. Die Furniere wurden mit einer Handsäge vom Stamm geschnitten, circa drei Millimeter stark. Dann wurden die Motive mit dem sogenannten Schultermesser zugeschnitten und in die Tafel eingefügt.

Die Erfindung der Laubsäge im Jahre 1562 und die Erfindung einer Maschine zum Sägen der Furniere vom Stamm (auch im 16. Jahrhundert) machten das Intarsieren einfacher und wirtschaftlicher. So wurde es möglich, die Möbel ganzflächig mit Furnieren zu überziehen. Diese Technik wird Marketerie genannt.

Durch die maschinelle Herstellung waren die Furniere gleich stark; sie wurden zusammengeheftet und ganzflächig auf den Untergrund auf geleimt. Dieser bestand zumeist aus billigerem Holz (Fichte oder Eiche).

Die reich verzierten Möbel des 17. und 18. Jahrhunderts sind durchwegs marketiert. Die einfachen Möbel und auch solche aus dem bäuerlichen Bereich wurden dagegen häufig intarsiert, das heißt in die aus massivem Obst- oder Eichenholz gefertigten Stücke wurden Vertiefungen ausgestemmt, in die einfache Motive oder Adern eingelegt wurden.

Ab der Mitte des 19. Jahrhunderts, im Zuge der industriellen Anfertigung von Möbeln, wurden die Furniere dünner. Sie wurden auch nicht mehr gesägt, sondern mit einer Maschine Blatt für Blatt vom Stamm gehobelt (gemessert) und unter anderem zu Marketerien verarbeitet.
Die heutigen Einlegearbeiten, hergestellt aus dem dünnen Messerfurnieren, müssen folglich genau genommen als Marketerie bezeichnet werden.

Da der Name Intarsie aber gebräuchlicher ist, wird er von modernen Autoren des öfteren für die Marketerie verwendet. Manchmal ist eine Abgrenzung auch schwierig, da beide Techniken an einem Möbelstück anwendbar sind.
Um diesen verwirrenden Begriffen zu entgehen, werde ich in diesem Buch den deutschen Ausdruck »Einlegearbeit« verwenden, sofern es sich nicht direkt um die Technik des Intarsierens handelt.

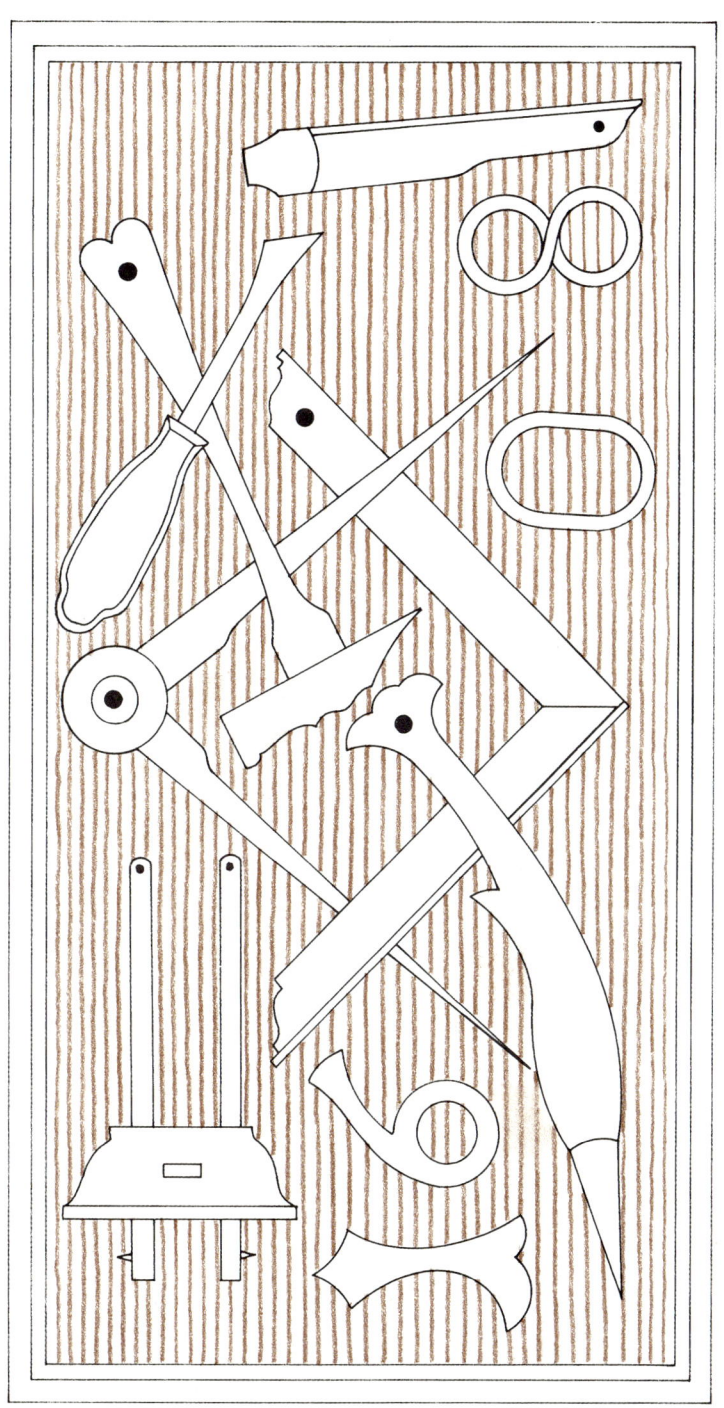

Deckel einer Zunfttruhe der Tischler

Dieses Buch will die Möglichkeiten aufzeigen,
mit Intarsien oder Marketerien etwas darzustellen.

Der hauptsächlich verwendete *Werkstoff*
ist Holz in Form von Furnieren,
die leicht erhältlich sind.

Man braucht dafür
kein aufwendiges und
nur wenig *Werkzeug*.

Dieses Buch wendet sich
an Tischler, Architekten und
Restauratoren, aber auch an
jene, die diese Kunst
als Hobby betreiben oder
damit beginnen wollen.

Dieses Buch will die verschiedenen Techniken erklären
und mit den Abbildungen zum Nacharbeiten, aber auch zu eigenen
Entwürfen anregen.

Stilisierte Rose in Laubsägetechnik.
Dieses Motiv kann durch Stürzen zu einem
größeren Ornament zusammengestellt werden.

Der Werkstoff als Element der Gestaltung

Das Gestaltungsprinzip aller Einlegearbeiten besteht darin, die natürlichen Eigenschaften des Materials, also Struktur, Zeichnung und Farbe, zur Erzielung des gewünschten optischen Effekts einzusetzen. Dabei läßt sich die Farbe des Furniers durch Beizen in vielfacher Weise variieren. Grundsätzlich unterscheidet man folgende Gestaltungsmöglichkeiten (vgl. auch nebenstehende Zeichnungen).

1. *Der Faserverlauf einer Holzart* wird nach verschiedenen Richtungen angeordnet. Es eignen sich Furniere mit schlichter oder streifiger Zeichnung, zum Beispiel: Würfelmuster, Flechtmuster, Fischgrätmuster.

2. *Die Zeichnung des Furniers* als Mittel der Gestaltung. Zum Beispiel läßt sich die wellige Zeichnung der Blumenesche zur Darstellung von Wasser verwenden oder eine gefladerte Zeichnung für eine Wolke.
Furniere, aus der Mitte des Stammes geschnitten, ergeben eine *schlichte*, bei Farbunterschieden eine *gestreifte* Zeichnung.
Bei Holzarten mit starken Markstrahlen sind diese als »Spiegel« im Radialschnitt zu sehen.
Wird der Stamm tangential geschnitten, entsteht eine *Fladerzeichnung*.
Wucherungen am Stamm ergeben die begehrte *Maserung* und kleine Äste die *geaugte* Zeichnung.

Die Faserrichtung verläuft sehr oft nicht gerade; sie wird beim Aufschnitt durchtrennt und schimmert, verändert also den Farbton je nach Betrachtungswinkel. Es entstehen *Streifen* oder eine *geriegelte, geflammte, geapfelte* (pommele) Zeichnung. Astgabelungen bilden schöne geflammte Figuren, sogenannte Pyramidenzeichnungen.
Die geriegelte oder geflammte Zeichnung, mit *grobporiger* Zeichnung gemischt, wird als *geblumt* bezeichnet. Die *Grobporigkeit* oder *Feinporigkeit* ist also auch ein wesentliches Merkmal der Zeichnung.

3. *Die Farbe.* Durch Verwendung zweier oder mehrerer Holzarten lassen sich kontrastreiche Muster wie Schachbrett (2 Farben) oder Würfelmuster (3 Farben) gestalten.

4. *Die Gravur.* Durch Einritzen (Gravieren) wird eine größere Furnierfläche feingliedriger (Technik siehe Seite 68).

5. *Schattierungen* kann man durch Gravieren, besser aber mit Brennen erreichen (Technik siehe Seite 66).

6. *Einbeziehung anderer Materialien als Holz*, zum Beispiel Elfenbein, Bein, Horn, Schildpatt, Perlmutter, Silber, Kupfer, Zinn, Messing.

Würfelmuster einfarbig   *Flechtmuster*   *Fischgrätmuster*

Wasser   *Wolke*

schlicht   *gefladert*   *gemasert*   *geriegelt*

Schachbrett   *Würfelmuster dreifarbig*

13

Die Möglichkeiten der Gestaltung
an Hand eines Beispiels

Alle auf Seite 12 aufgezählten Gestaltungsmöglichkeiten von 1–6 kann man in einer einzigen Arbeit kombinieren. Als Beispiel wurde ein barockes Muschelornament gewählt, das auf der Nebenseite als schematische Zeichnung und auf Seite 17 als fertiges Produkt gezeigt wird.

Zu Punkt 1: Anordnung des Faserverlaufs. Die Faserrichtung entspricht der Richtung der Blätter oder der Längsrichtung der Muschel.

Zu Punkt 2: In den Rillen der Muschel ist die Faserrichtung auch längs; nur durch eine *geriegelte Zeichnung* entsteht der Eindruck einer Querstreifung, wie sie bei Perlmutt zu sehen ist, das genauso wie Holz in Wellenrichtung wachsen kann.

Zu Punkt 3: Die Farbe als Mittel der Gestaltung wurde als starker Kontrast zwischen Ornament und Hintergrund eingesetzt. Die Muschelrillen und die erhabenen Teile sollen keinen starken Kontrast ergeben. Sie könnten auch von derselben Holzart stammen (Ahorn geriegelt und Ahorn schlicht). Ich wählte Buchsbaum geriegelt und Ahorn schlicht. Um eine plastische Wirkung zu erreichen, sollten die tieferen Stellen etwas dunkler sein.

Zu Punkt 4: Im dritten Viertel nebenstehender Zeichnung wird *die Gravur* gezeigt. Anstatt alle Linien mit der Laubsäge zu schneiden, werden sie erst nach dem Aufleimen eingeritzt.

Zu Punkt 5: Im vierten Viertel werden die Schatteneffekte gezeigt, die man durch *Brennen* erzeugen kann, um eine plastische Wirkung zu erreichen.

Zu Punkt 6: Um alle Punkte zu zeigen, wurden die beiden Kugeln aus Perlmutt eingesetzt.

Dieses barocke Muschelornament stammt von Schranktüren aus der ersten Hälfte des 18. Jahrhunderts. Im Original ist das ganze Ornament aus Buchsbaum und nur graviert. An der unteren Kugel hängen im Original noch zwei Glokkenblumen. Es ist eine Marketerie aus Sägeschnittfurnieren (vgl. Seite 16).
Wie man die auf Seite 17 in Farbe abgebildete Marketerie anfertigt, wird im Kapitel »Die Techniken« erklärt.
Hier die Beschreibung der Zusammensetzung der Furniere. Das Ornament ist symmetrisch; wir ziehen eine Längsachse und zeichnen und schneiden mit der Laubsäge nur die Hälfte. Wir brauchen also 2 × den halben Hintergrund (Imbuya), 2 × Ahorn, Faserrichtung senkrecht, 2 × Ahorn, Faserrichtung quer, 2 × Buchsbaum oder Ahorn geriegelt, legen oberhalb ein Furnier, auf dem die Zeichnung aufgeklebt ist, und zuunterst ein Blindfurnier. Die Furniere werden mit kleinen Nägeln zusammengeheftet und mit der Laubsäge ausgeschnitten. Die Furniere werden aufgeklappt und zusammengesetzt (die Negative können eventuell auch verwendet werden). Da die Mittelrille durch die Achse unterbrochen ist, wird diese extra mit dem Furniermesser zugeschnitten und eingesetzt, damit die Fuge sich nicht störend auswirkt.

Schematische Zeichnung eines barocken Muschelornaments. Die Punkte markieren die Stellen, an denen die Furniere zu einem Paket zusammengenagelt werden.

Schranktür mit barockem Muschelornament. Diese Marketerie ist ein gutes
Beispiel für die Vielfalt der Gestaltungsmöglichkeiten.

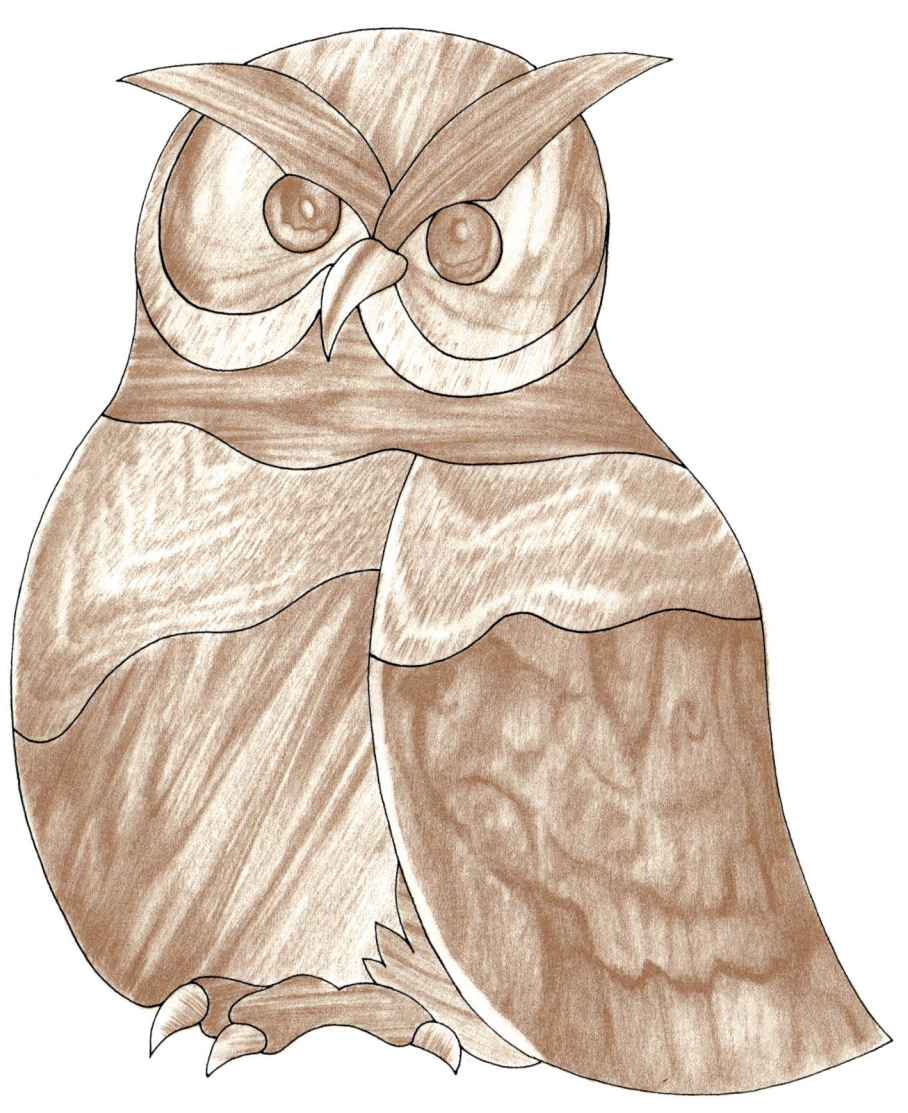

Eule, Einlegearbeit in Messertechnik. Die Faserrichtung ist schon im obenstehenden Entwurf eingezeichnet.

Der Werkstoff

Das Holz

Holz ist eine lebendige, organische Substanz. Die Hauptbestandteile sind Zellulose (ca. 40%), zelluloseähnliche Stoffe (zwischen 24 und 32%) und Lignin (zwischen 22 und 30%). Nebenbestandteile (ca. 6%) sind organische Stoffe wie Harz, Terpentin, Fett, Wachs, Farbstoffe, Gerbstoffe u. a., außerdem anorganische Stoffe wie Kalium, Natrium, Kalzium, Magnesium, Phosphorsäure, Eisenoxyd u. a.

Es gibt mehrere tausend verschiedene Baumarten auf der Erde, aber nur ein kleiner Teil wird für den Möbelbau genützt. Die Baumarten werden in zwei Hauptgruppen eingeteilt: Nadelbäume und Laubbäume. Außerdem gliedert man beide Gruppen in europäische und außereuropäische.

Der Aufbau des Baumes

Ein Baum besteht aus Wurzeln, Stamm und Krone, wobei der Tischler hauptsächlich den Stamm verwendet. Im Querschnitt des Stammes sehen wir die Markröhre (1). Dann das Holz, bestehend aus den einzelnen Jahresringen, die sich aus dem im Frühjahr gebildeten Frühholz (heller Ring, 2) und dem im Spätsommer sich bildenden Spätholz (dunkler Ring, 3) zusammensetzen. Tropische Bäume haben oft keine Jahresringe, sondern nur Zuwachszonen. Das Dickenwachstum erfolgt im Kambium (4), einer Wachstumsschicht zwischen dem äußeren Jahresring und dem Bast (5). Die äußerste Schicht des Stammes, die Rinde (6), schützt diesen vor Austrocknung und Verletzungen. Die abgestorbenen Teile der Rinde heißen Borke. Bei manchen Bäumen sind die Markstrahlen (7)

sichtbar. Markstrahlen sind Speicherzellen, die strahlenförmig vom Mark ausgehen. Schneidet man radial, so glänzen die Markstrahlen, etwa bei Eiche: Sie »spiegeln«, daher auch die Bezeichnung Spiegelschnitt.

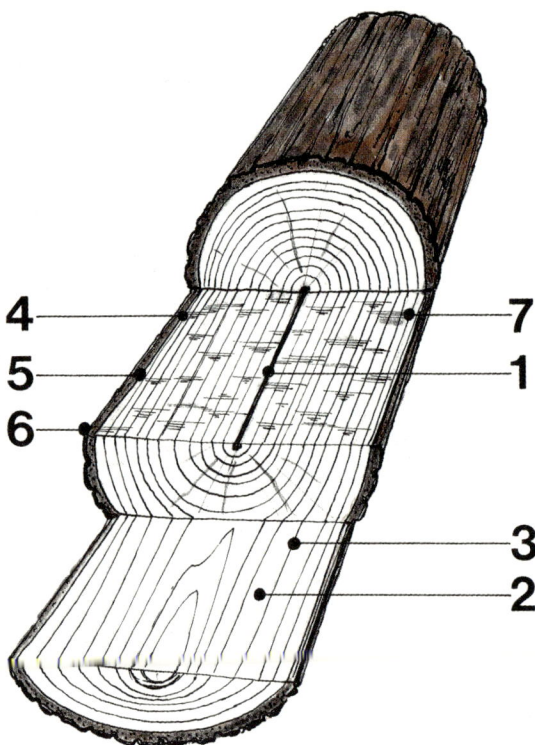

Die äußeren Jahresringe dienen der Saft- bzw. Wasserführung des Baumes. Dieser helle, weichere Teil wird *Splintholz* genannt. Der innere Teil ist nicht mehr saftführend, Gerb- und Farbstoffe, Harze usw. lagern sich ein, er ist trockener, fester und dauerhafter; er heißt *Kernholz* und wird auch weniger vom Wurm befallen.

Holz, das verkernt ist, sich aber kaum vom Splintholz unterscheidet, bezeichnet man als *Reifholz.* Bäume, bei denen der Splint bis zum Mark reicht, nennt man Splintholzbäume.

Man unterscheidet also zwischen Splintholzbäumen, Kernholzbäumen, Reifholzbäumen und solchen, die Splint-, Kern- und Reifholz aufweisen. Diese nennt man Kernreifholzbäume.

Das Splintholz von Eiche darf nicht verarbeitet werden, da es zu sehr vom Wurmbefall bedroht ist. Bei anderen Hölzern ist das Splintholz brauchbar.

Der Weg vom Wald zum Werktisch

Die Schlägerung

Die beste Zeit zur Schlägerung des Baumes ist während der Saftruhe im Winter. Auch die Stellung des Mondes bei der Schlägerung ist für die Qualität ausschlaggebend. Beachtet man die Mondphasen und schlägert man an ganz bestimmten Tagen, gewinnt man Holz, das nicht vom Wurm befallen wird oder nur sehr schwer entflammbar ist. Leider gerät dies in Vergessenheit, und durch die Massenproduktion wird keine Rücksicht auf die Schlägerungszeiten genommen. Nadelhölzer werden meistens auf vier Meter und einheimische Laubhölzer auf zwei bis vier Meter lange Stücke zugeschnitten.

Die Aufarbeitung zu Furnieren, Brettern und Pfosten und Platten

Nur sehr schöne, alte Stämme kommen ins *Furnierwerk* zur Furniererzeugung. Es wird darauf geachtet, daß der Stamm möglichst nahe an der Wurzel abgeschnitten wird, da er hier eine sehr schöne Zeichnung hat. Die Wurzel selbst ist für die Furniererzeugung wegen der eingewachsenen Steine nicht verwendbar.

Im Sägewerk werden die Stämme in Wuchsrichtung zu Brettern in den handelsüblichen Stärken zwischen 10 und 35 mm oder zu Bohlen (Pfosten) in den Stärken zwischen 40 und 100 mm aufgeschnitten. Die Holzabfälle werden ins *Plattenwerk* zur Plattenerzeugung gebracht.

Die Holztrocknung

Die Holzfeuchte wird in Prozenten, bezogen auf das Darrgewicht, gemessen. Das Darrgewicht ist das Gewicht des Holzes ohne Wasseranteil. Vor der Schlägerung kann das Holz einen Wassergehalt bis zum eineinhalbfachen seines Gewichtes haben (Holzfeuchte 150%). Nach der Schlägerung trocknet das Wasser aus den Zellzwischenräumen recht rasch, deshalb berührt diese *erste Phase der Holztrocknung* den Verarbeiter kaum. Ist nur noch Wasser in den Zellwänden und sind die Zellzwischenräume getrocknet, so spricht man vom Fasersättigungsgrad (Holzfeuchte ca. 30%).

Jetzt geht die Trocknung sehr langsam vor sich, bis das Holz in dieser *zweiten Phase der Holztrocknung* die Trockenheit der umgebenden Luft erreicht hat (Holzfeuchte ca. 15%). Eine Faustregel besagt: pro Zentimeter Holzstärke ein Jahr Trocknung.

Lufttrockenes Holz ist aber für die Verarbeitung von Möbeln, die in zentralgeheizten Räumen stehen sollen, zu feucht. Daher ist eine *dritte Phase der Holztrocknung*, bei der das Holz auf Zimmertrockenheit gebracht wird, unumgänglich (Holzfeuchte ca. 8%).

Holzeigenschaften

Sie werden mir recht geben, wenn ich die Schönheit des Werkstoffes Holz an die erste Stelle setze. Diese natürliche Schönheit zu belassen und zur Geltung zu bringen, soll das erste Ziel bei Einlegearbeiten sein. Hüten Sie sich, die Furniere zu kleinflächig einzusetzen, geben Sie der Zeichnung des Furniers genügend Raum und der Farbe die Möglichkeit, die Schönheit und Wärme des Werkstoffes zu zeigen.

Holz läßt sich leicht bearbeiten. Einige Hölzer weisen aber eine größere Festigkeit und Härte auf. Treten hier Schwierigkeiten bei der Bearbeitung (Zuschnitt des Furniers) auf, liegt es nicht nur am Holz, sondern meistens am nicht oder nur schlecht geschärften Werkzeug.

Holzeigenschaften und Plattenerzeugung

Eigenschaften, welche die Verarbeitung erschweren oder einschränken

Holz ist ein lebendiger Werkstoff. Es kann nach der Trocknung ab dem Fasersättigungsgrad (zweite und dritte Phase der Holztrocknung) wieder Feuchtigkeit aufnehmen. Dabei verändert es sein Volumen. Die Wasseraufnahme erfolgt unter Volumenvergrößerung, Quellen genannt; bei Wasserabgabe verringert sich sein Volumen, Schwinden genannt. Je nach Luftfeuchtigkeit und seinem eigenen Trocknungsgrad kann Holz also Wasser aus der Luft aufnehmen oder abgeben. Das Wissen um diese Vorgänge ist nicht nur bei der Verarbeitung von Massivholz notwendig, vielmehr muß man gerade bei Einlegearbeiten die Veränderung der Furniere unter Einfluß von Wasser oder Hitze berücksichtigen. Das Holz quillt und schwindet je nach Richtung zur Faser in unterschiedlichem Maße (siehe nebenstehende Zeichnung I).

Die Änderung des Wassergehaltes im Holz führt nicht nur zu Volumen-, sondern auch zu *Formveränderungen*. Bei einem Brett aus der Mitte des Baumes (Kernbrett) ziehen sich die geschlossenen Jahresringe zusammen – es kommt zur Rißbildung. Deshalb muß auch die Markröhre herausgeschnitten werden.

Bei Furnieren kann die Formveränderung sehr stark sein. Bei starker Trocknung rollen sich die Furnierblätter ein. Schwinden, Quellen und das sich daraus ergebende Werfen, Reißen und Verziehen bezeichnet man als das *„Arbeiten"* des Holzes. Durch eine geeignete Konstruktion muß das Werkstück in der gewünschten Form gehalten werden, ohne daß das Quellen und Schwinden unterbunden wird.

Als typisches Beispiel sei ein Brett als Untergrund für eine Ikonenmalerei genannt. Zwei eingeschobene Gratleisten halten das Brett gerade, der Grat ist nur am äußersten Rand geleimt, der Maluntergrund kann somit quellen und schwinden (siehe nebenstehende Zeichnung II).

Die Plattenerzeugung

Um Möbel weniger aufwendig konstruieren zu können, wie diese bei der Verarbeitung von Massivholz notwendig ist, werden *Platten* erzeugt, die homogen sind und deshalb nach allen Richtungen in der gleichen Stärke quellen und schwinden. Durch das Herstellungsverfahren sind die genannten Vorgänge aber ohnehin auf ein unerhebliches Maß reduziert.

Spanplatte, aus Holzspänen hergestellt, gebräuchlichste Stärken: 8, 10, 12, 16, 19 und 22 mm.

Harte Holzfaserplatte, aus Holzfasern hergestellt, meist 3 oder 4 mm stark.

Bei *Sperrholz*, das aus schichtweise miteinander verleimten Furnieren besteht, wird das »Arbeiten« durch den gekreuzten Faserverlauf in den einzelnen Schichten (gesperrt) verhindert. Ebenso bei der *Paneelplatte* (Tischlerplatte), die aus einem Holzkern zwischen Sperrplatten oder zwischen starken Furnieren besteht.

Diese Platten entsprechen den Anforderungen, die wir an den Untergrund unserer Einlegearbeiten stellen, wobei die Spanplatte am geeignetsten als Trägerplatte für die Marketerie ist. Sie ist freilich neuerdings in Verruf gekommen, weil sie zu einer bedauerlichen Verdrängung von Massivholz geführt hat, und weil die Späne mit formaldehydhaltigem Kunstharz gepreßt werden. Gezielt eingesetzt kann die Spanplatte aber eine große Hilfe im Möbelbau sein, zumal inzwischen auch formaldehydfreie Qualitäten erhältlich sind.

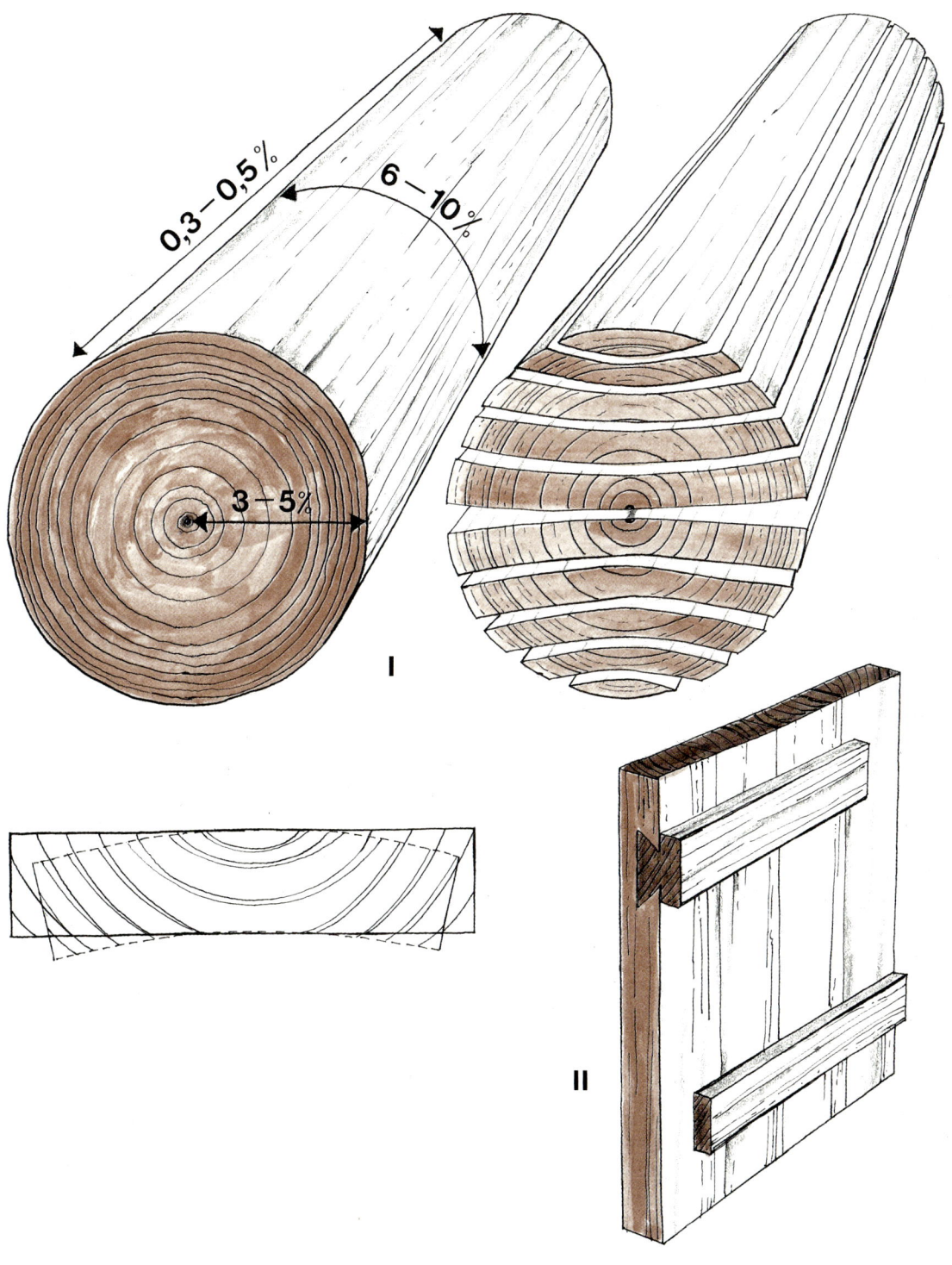

0,3 – 0,5 %

6 – 10 %

3 – 5 %

I

II

Die Furniererzeugung

Furniere werden erzeugt, um wertvolles Edelholz zu sparen, um den Möbelbau, wie es bei der Plattenbauweise der Fall ist, zu erleichtern und um die schöne Zeichnung des Holzes uneingeschränkt einsetzen zu können, da das Angebot an schöner Zeichnung bei Furnieren viel größer ist als bei Massivholz. Vor allem aber sind Furniere der Werkstoff, den wir für alle Einlegearbeiten aus Holz brauchen.

Die Ehre, zu Furnieren aufgeschnitten zu werden, wird nur einem Stamm zuteil, der bei beträchtlichem Durchmesser und somit hohem Alter trotzdem gesundes Holz aufweist. Ins Furnierwerk kommen aber auch Stämme, die auf Grund von Wucherungen eine schön gemaserte Zeichnung erwarten lassen (Maserknollen). Furniere unterscheiden sich durch ihre Stärke und durch ihre Herstellung.

Während man Furniere mit einer Stärke ab 1,5 mm auf Massivholz aufleimen kann, wie das bis zum Ende des 19. Jahrhunderts auf Fichten- oder Eichengrund geschah, kann man die dünnen Furniere nur kleinflächig auf Massivholz aufleimen, es sei denn, man furniert zweimal (Blindfurnier). Die Faser des Untergrundes würde sich sonst durch das dünne Furnier abzeichnen. Daher werden bei der Verarbeitung von dünnen Furnieren meist Platten als Untergrund verwendet.

Bei der Herstellung unterscheiden wir:

1. Die Sägeschnittfurniere

Wie schon der Name sagt, werden diese Furniere mit einer Säge geschnitten. Der dabei entstehende Holzverlust ist nicht unbeträchtlich, daher sind diese Furniere im Handel nicht mehr erhältlich. Der Möbelrestaurator muß sich für Ausbesserungsarbeiten, bei denen er mehrere Millimeter starke Furniere benötigt, diese selbst auf der Kreis- oder Bandsäge herstellen. Es empfiehlt sich dabei, wegen des Farbtones altes Holz zu verwenden.

2. Die Messerfurniere

Mit der Messermaschine werden vom Stamm Furnierblätter von 0,5 mm bis zu 4 mm Stärke abgetrennt. Damit dieser Vorgang erleichtert wird, werden die Stämme (Ahorn und Birke ausgenommen) gedämpft. Die normalen Messerfurniere haben eine Stärke von 0,5 bis 0,7 mm. Furniere mit einer Stärke von über 1 mm werden als *Starkschnittfurniere* bezeichnet und haben den Vorteil, daß sie wegen ihrer Stärke direkt auf einen Holzuntergrund geleimt werden können, aber den Nachteil, daß beim Messern Risse entstehen, die die Qualität der Oberfläche beeinträchtigen. Edelholzstarkschnittfurniere sind außerdem im Handel selten.

3. Bei Schälfurnieren

ist der Vorgang bei der Erzeugung anders. Der Stamm wird gegen ein Messer gedreht, und es entstehen beliebig lange Furnierbänder, die vor allem in der Plattenindustrie und als Blindfurniere Verwendung finden. Für Einlegearbeiten kommen von den Schälfurnieren nur Birke (geflammt), ungarische Esche (geblumt) und Zuckerahorn (Vogelaugenahorn) in Frage, die erst durch den Schälvorgang ihre charakteristische Zeichnung erhalten. Man kann den Stamm auch wie bei einem Bleistiftspitzer schälen und erhält das sogenannte Radialfurnier, das für runde Tischplatten mit nur einer Fuge geeignet ist. Radialfurniere sind im Handel aber nicht mehr erhältlich.

Handelsübliche Furniersorten

Es gibt 40 000 Holzarten auf der Welt, 700 Arten werden vom Handel angeboten, 200 davon eignen sich zur Verarbeitung zu Furnieren, hier das repräsentative Angebot eines Furnierhändlers:

Handelsname	Sonst. Name	Herkunft
ABACHI	Ayous, Wawa	Afrika
	Samba	
AFRORMOSIA	Asamela	Afrika
	»Goldteak«	
AHORN	Bergahorn	Europa
schlicht	Maple	
AHORN	Sykomore	Europa
riegel		
AHORN	Zuckerahorn	Nordamerika
Vog. Augenah.	Erable piqu.	
AKAZIE	Robinie	Europa
falsche		
AMARANT	Bois viol.	Südamerika
ANINGRE	»Bras. Kirsch«	Afrika
	»noce tang«	
ANINGRE	Osan	Afrika
Riegel gebl.		
AVODIRE	Lusamba	Afrika
BILLINGA	Yellow Wood	Afrika
	Bois d'Or	
BIRKE	Haarbirke	Europa
schlicht		
BIRKE	Silverbirch	Europa
flamm		
BIRKE	Weißbirke	Europa
geapfelt		
BIRKE	Zuckerbirke	Nordamerika
kanadisch		
BIRN	Holzbirne	Europa
BOIRE	–	Afrika
BOIS d. Violette	Königsholz	Südamerika
BUBINGA	Kevazingo	Afrika
quart.	»afr. Rose«	
BUBINGA	»afr. Rose«	Afrika
BOSSINE	–	Afrika
BUCHE	Rotbuche	Europa
BUCHSBAUM	Boxwood	Europa/Asien
CEREJEIRA	Barbados-Kirsch	Amerika
DIBETOU	Bibolo	Afrika
	Lifaki	
DOUGLAS	Oregon P.	Nordamerika
	Red Fir	
DOUSSIE	Afzelia	Afrika
EIBE	If, Yew	Europa
EDELKASTANIE	–	Europa/Asien
EICHE	Traubeneiche	Europa
europ.	Spessarteiche	
EICHE	White Oak	Nordamerika
am. weiß		
EICHE	Red Oak	Nordamerika
am. rot		

Handelsname	Sonst. Name	Herkunft
MOOREICHE	–	Europa/Amerika
ELSBEER	Sorbe	Europa
	Alisier	
ERLE	Roterle	Europa
	Schwarzerle	
ESCHE	Weißesche	Europa
weiß		
ESCHE	Olivesche	Europa
braun		
ESCHE	Weißesche	Nordamerika
amerik.		
ESSIA	Minzu	Afrika
ETIMOE	–	Afrika
EUCALYPTUS	»Chil. Nuß«	Südamerika
FICHTE	Rottanne	Europa
FRAMIRE	Idigbo	Afrika
HICKORY	Bullnut	Nordamerika
IMBUYA	Brazilian-	Südamerika
	Walnut	
KAMBALA	Iroko	Afrika
KIEFER	Föhre	Europa
KIRSCH	Vogelkirsch	Europa
europ.		
KIRSCH	Black cherry	Nordamerika
amerik.		
KIRSCH	Coigue	Südamerika
»feuerland«		
KOTO	–	Afrika
LATI	»White	Afrika
	Wenge«	
LAUAN	–	Asien
red		
LÄRCHE	–	Europa
LAUREL	Ind. Laurel	Asien
LIMBA	Afara	Afrika
LOURO PRETO	Canela noir	Südamerika
MANIO	Maniu	Südamerika
MACORE	–	Afrika
MANSONIA	Bete	Afrika
MOABI	–	Afrika
MOVINGUI	Nigerian.	Afrika
	Satinwood	
MUTENYE	–	Afrika
MAKASSAR	Ebenholz	Asien
MERANTI	Dark red M.	Asien
red		
MAHAGONI	Echtes	Mittelamerika
Honduras	Mahagoni	
MAHAGONI	Acaj. afric.	Afrika
Khaya		

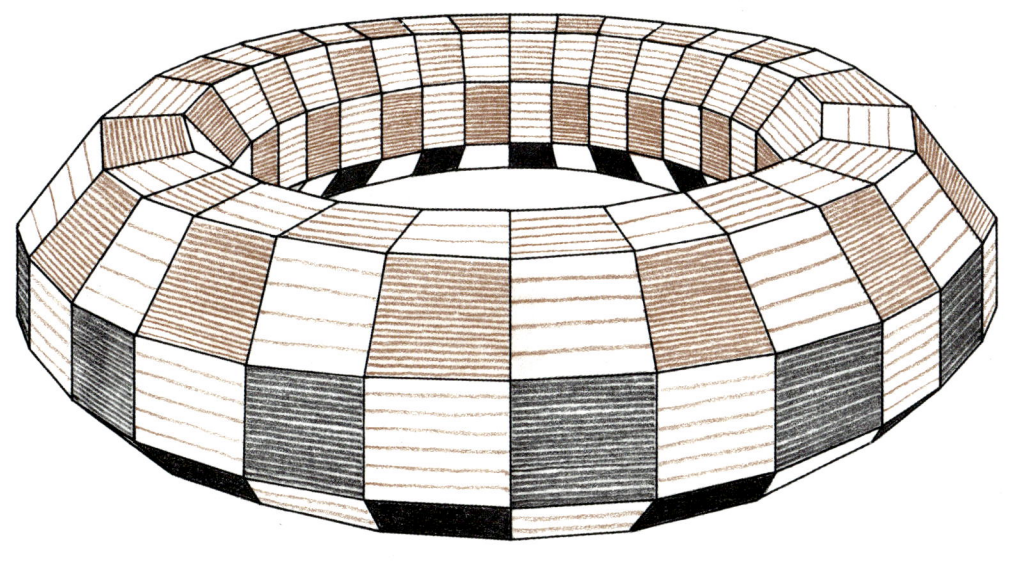

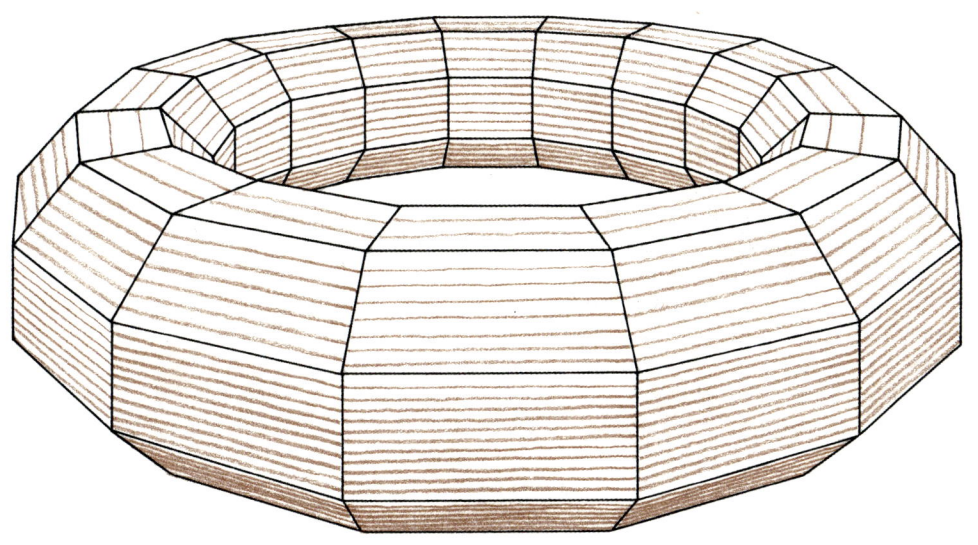

Handelsname	Sonst. Name	Herkunft
MAHAGONI Kosipo	Heavy Sapele	Afrika
MAHAGONI Sapelli	Sapele Lifaki	Afrika
MAHAGONI Pommeles	Blumen-mahagoni	Afrika
MAHAGONI Pyramide	–	Afrika
MAHAGONI Tinto	–	Afrika
NUSS europ.	Walnuß	Europa
NUSS amerik.	Schwarznuß	Nordamerika
NUSS austral.	Queensland Walnut	Australien
NUSS »oceanisch«	Paldau Dao	Asien
NUSS »Cora«	Amazakue Ovangol	Afrika
NUSS »tanganj.«	Noxe tang.	Afrika
NUSS Satin	Sweet Gum	Nordamerika
OKOUME	Gabun	Afrika
OLIVE	–	Europa
OLIVILLO	Palo Muerto	Südamerika
PADOUK afrikanisch	–	Afrika
PADOUK asiatisch	Andaman Padouk	Asien
PEPE	–	Afrika
PAPPEL	Silberpappel	Europa
PALISANDER Rio	Braz. Rosew. Jacaranda	Südamerika
PALISANDER ostind.	Ind. Rosew.	Asien
PALISANDER Honduras	Hond. Rosew.	Mittelamerika
PALISANDER Santos	–	Südamerika
PALISANDER Madagaskar	Palisandre violet	Afrika
PLATANE	–	Europa
PAO FERRO	Brasil. Eiche	Südamerika
PITCH PINE	Yellow Pine	Nordamerika
PINE Carolina	North caro-	Nordamerika
REDWOOD	Calif. Redw.	Nordamerika
RAULI	Chilean - Beach	Südamerika
RAMIN	–	Asien
ROSE Bois de Rose	Bahia –	Südamerika

Handelsname	Sonst. Name	Herkunft
ROSE Araruda	Ariba	Südamerika
ROSE Pao Rose	–	Afrika
RUSTE europ.	Ulme	Europa
RUSTE kanadisch	Rock Elm grey elm	Nordamerika
RUSTE amerik. rot	red elm	Nordamerika
RUSTE japanisch	–	Asien
RUSTE französisch	–	Europa
SEN	–	Asien
SUCUPIRA	–	Südamerika
TCHITOLA	Tola	Afrika
TEAK	–	Asien
TAMO	–	Asien
TANNE	–	Europa
WENGE	–	Afrika
ZEBRANO	Zingana	Afrika
ZEBRELLI	Awoura	Afrika
ZEDER	Himalaya-	Asien
ZIRBELKIEFER	Zirbel-	Europa
ZITRONE	A. Seidenholz	Asien
ZWETSCHGE	–	Europa

Maserfurniere

Handelsname	Sonst. Name
AHORN	Maple Maser
BIRKE	Finn.-Birkemaser
BIRKE kanad.	–
EICHE	–
ESCHE	–
ESCHE oliv	–
IMBUYA	
KEVAZINGO	–
MADRONA	Arbutus
MAIDU	Padouk Maser
MYRTE	Oreg. Myrthe
NUSS amerik.	Kalif. Nußmaser
NUSS europ.	–
NUSS Kopffurn.	–
PAPPEL	Mapa Maser
RUSTE	Ulmenmaser
THUYA	–
VAVONA	Redwoodmaser

Die Farbtöne

Die Natur bietet uns eine breite Palette an Farbtönen. Natürlich sind dies keine grellen Farben, sondern gedämpfte Mischtöne; daher haben die Farben einer Einlegearbeit aus Holz eine Art Patina. Dies sollte man bei der Auswahl der Farbtöne berücksichtigen. In Ausnahmefällen, wenn kein gesuchter Farbton zur Verfügung steht, kann man die Furniere auch färben (siehe Seite 90). Viele Hölzer vereinen mehrere Farbtöne, besonders der Splint hebt sich hell ab, deshalb ist die folgende Einteilung nach Farbtönen nur eine grobe Zuordnung. So kann zum Beispiel Zwetschge hellgelbe, grüne, violette, rote, braune Farbtöne haben.

Alle Maserfurniere eignen sich hervorragend für Einlegearbeiten. Daneben sind folgende Furniere, geordnet nach Farbtönen, die wichtigsten:

Weißlich: Ahorn, Erle, Sen sowie Elfenbein und Silber.
Gelblich: Birke, Esche, Pappel, Buchsbaum, Avodire und Messing.
Goldgelb: Ahorn, Movingui, Zitrone.
Gelbbraun: Kirsch, Eiche, Eibe.
Rötlichbraun: Ruste, Birne, Zwetschge und Kupfer.
Rosarot bis rotbraun: alle Mahagonisorten, Bubinga, Padouk, Redwood.
Hell- bis dunkelbraun: Teak, alle Nuß- und Palisandersorten, Imbuya.
Violett: Amarant, Bois de Violette.
Grün: Myrte.
Schwarz: Makassar, Wenge.

Rosenholz ist gelb und rosa, Zebrano hat braune Streifen auf gelblichgrau.

Die Hölzer verfärben sich durch Sonnenlichteinfall; sie können ausbleichen, aber auch (besonders viele Exoten) dunkler werden.
Es ist daher zu beachten: Ahorn und Nuß werden gelblich, besonders amerikanische Nuß ändert sich von violettbräunlich zu gelbbräunlich. Zeder sollte gar nicht verwendet werden, sie verliert ihre rötliche Farbe. Leider verlieren auch Rosenholz und Amarant die schöne Farbe.
Sen, Padouk, Teak, Wenge dunkeln nach.
Beim Einkauf von Furnieren ist darauf zu achten, daß das unbehandelte Holz im Ton beträchtlich vom lackierten bzw. gewachsten abweicht. Erst durch Anfeuchten gewinnt man schließlich einen ungefähren Eindruck von der Farbwirkung des verarbeiteten und oberflächenbehandelten Furniers.

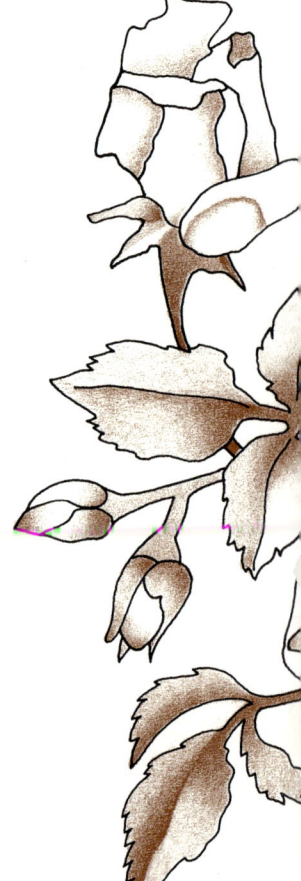

Vogel auf Rosenast. Der braune Farbton markiert die Stellen, die gebrannt werden müssen. Wenn man in Messertechnik arbeitet, kann man auch aus den Furnieren die Stellen mit den richtigen Schattierungen aussuchen.

Andere Werkstoffe und Hilfswerkstoffe

Andere Werkstoffe als Holz haben heutzutage nur untergeordnete Bedeutung, da ihre Verwendung dem heutigen Geschmack nicht mehr entspricht oder die Verarbeitung zu aufwendig ist. Als tierische Materialien kommen Elfenbein und Bein, Horn, Schildpatt und Perlmutt, als metallische Werkstoffe Kupfer, Messing, Zinn und Silber in Frage.

Als »Pietra dura« (harter Stein) bezeichnet man eine Technik, die mineralische Werkstoffe verwendet. Sie kam in Florenz in Blüte und wird deshalb auch Florentiner Mosaik genannt.

Als *Hilfswerkstoffe* dienen Werkstoffe, die uns bei der Verarbeitung nur Hilfe leisten, aber als Werkstoff nicht in den Vordergrund treten. Sie haben dennoch eine große Rolle, denn von ihnen hängt oft das Gelingen einer Einlegearbeit ab.

Es sind dies:

1. *Klebestreifen*, Furnierklebestreifen aus dünnem Papier, 20 mm und 25 mm breit, für dünne Furniere.

Für Sägeschnitt- und Starkschnittfurniere eignet sich *Kreppabdeckband* (wie es bei Lackierarbeiten Verwendung findet) am besten.

2. *Leim*

Zum Aufleimen der Einlegearbeit auf eine Trägerplatte brauchen wir Leim, aber auch während der Einlegearbeit leistet er gute Dienste.

Für Einlegearbeiten ist *Dispersionsleim* am geeignetsten. Als Rohstoff enthält er Polyvinylacetat, deshalb wird er auch als PVA-Leim bezeichnet. Meist wird er wegen seines milchigen Aussehens Weißleim genannt. Alle anderen Namen sind Firmenbezeichnungen.

Bei der Verarbeitung von vorwiegend dunklen Hölzern empfiehlt es sich, diesen Leim mit Erdfarbe oder, besser noch, mit Dispersionsabtönfarbe einzufärben.

Wie der Dispersionsleim sind auch die *Kondensationsleime* Kunstharzleime. Sie werden bei wasserfesten Verbindungen eingesetzt. Sie sind nicht *thermoplastisch* wie der *Dispersionsleim*. Ausbesserungen, wie sie bei Einlegearbeiten oft vonnöten sind, sind nicht möglich, daher ist er für Einlegearbeiten nicht geeignet.

Benötigt man für Restaurierungen eine lösbare Verbindung, so steht noch ein natürlicher Leim zur Verfügung, der *Glutinleim*. Er wird aus Abfällen von Tierkörpern gewonnen, vor der Verarbeitung gewärmt und ist durch Wärme oder Alkohol lösbar.

3. *Drahtstifte* (Nägel), 10 mm lang, benötigen wir zum Zusammenheften der Furniere bei Laubsägearbeiten, da bei dieser Technik mehrere Furniere auf einmal geschnitten werden.

4. *Schleifpapier* und *Stahlwolle*,

5. *Kitt* und

6. *Beizen, Polituren, Lacke, Öle, Wachse* brauchen wir für die Oberflächenbehandlung (siehe V. Kapitel Seite 92, 94, 96).

Pietra dura, Marmortafel, wahrscheinlich Teil eines Möbels aus dem 17. oder 18. Jahrhundert, im Besitz des Autors. Die Schattierungen sind meisterhaft ausgesucht. Dieses Motiv kann auch mit Furnieren gestaltet werden. Siehe Detail »Vogel auf Rosenast« im Umschlagfoto.

Schranktür mit Bandel- und Blattwerk vor dem Gravieren (links). Die obenstehende Zeichnung zeigt den Viertelentwurf zu diesem Motiv. Die Gravierung des Blattwerks ist eingezeichnet. Bandel- und Laubwerk sind in Laubsägetechnik ausgeführt, alle geraden Ornamente mit der Furniersäge geschnitten.

Die Werkzeuge

Grundausrüstung

1. *Zeichengeräte:* Bleistift und Maßstab.

2. *Furniersäge* zur Ausführung aller geraden Schnitte.

3. *Furniermesser.* Die im Handel erhältlichen Kerbschnittmesser sind gut geeignet, jedoch sollte man die Klingen etwas dünner zuschärfen. Messer mit Wegwerfklingen sind nicht so günstig, da sie beim Schneiden federn.

4. *Schwamm* (am besten in einem Behälter) zum Befeuchten des Klebestreifens.

5. *Lineal.* Ich verwende ein Hartholzlineal mit ca. 1 m Länge, ca. 10 cm breit, 15 mm stark. Dieses gewährleistet einen guten Druck auf das Furnier, damit es nicht verrutschen kann. Die Stärke bietet genügend Anschlag für die Furniersäge, so daß diese nicht abgleitet.

6. *Unterlage* aus einem nicht zu harten Laubholz oder aus einer Faser-, Sperrholz- oder Spanplatte.

Mit einer kleinen Menge Leim, einer Rolle Klebestreifen, den nötigen Furnieren und vorgenannten Werkzeugen kommt ein Anfänger aus.

1

2

3

3

4

5

6

LEIM

Ergänzung zur Grundausrüstung

1. *Schere* für den groben Zuschnitt der Furniere

2. *Winkel* oder ein Dreieck

3. *Gehrungsmaß* oder ein 45° Dreieck

4. *Tapetenfugenroller* zum Andrücken des Klebestreifens

5. *Furniernadeln* (Markiernadeln) zum Festhalten der Furniere

6. *Schraubzwingen* zum Glattpressen und zum Furnieren

7. *Schleifklotz* aus Kork oder Holzklotz mit Filzauflage (Seite 94)

8. *Stemmeisen* zum Schneiden von Gehrungen und zum Ablösen des Klebestreifens

9. *Leimspachtel* (Seite 92)

10. *Fugen-, Streifen- und Adernschneider* (Seite 64)

Für die Laubsägetechnik (Seite 58, 60, 62)

11. *Laubsägebogen* mit Laubsägebrett und Ersatzsägeblättern
    11. a) *Laubsägebogen aus Holz*
    11. b) *Laubsägebogen aus Metall*

12. *Hammer*

13. *Seitenschneider* (Spitzzange, Zwickzange)

14. *Eisenfeile*

15. *Drillbohrer*

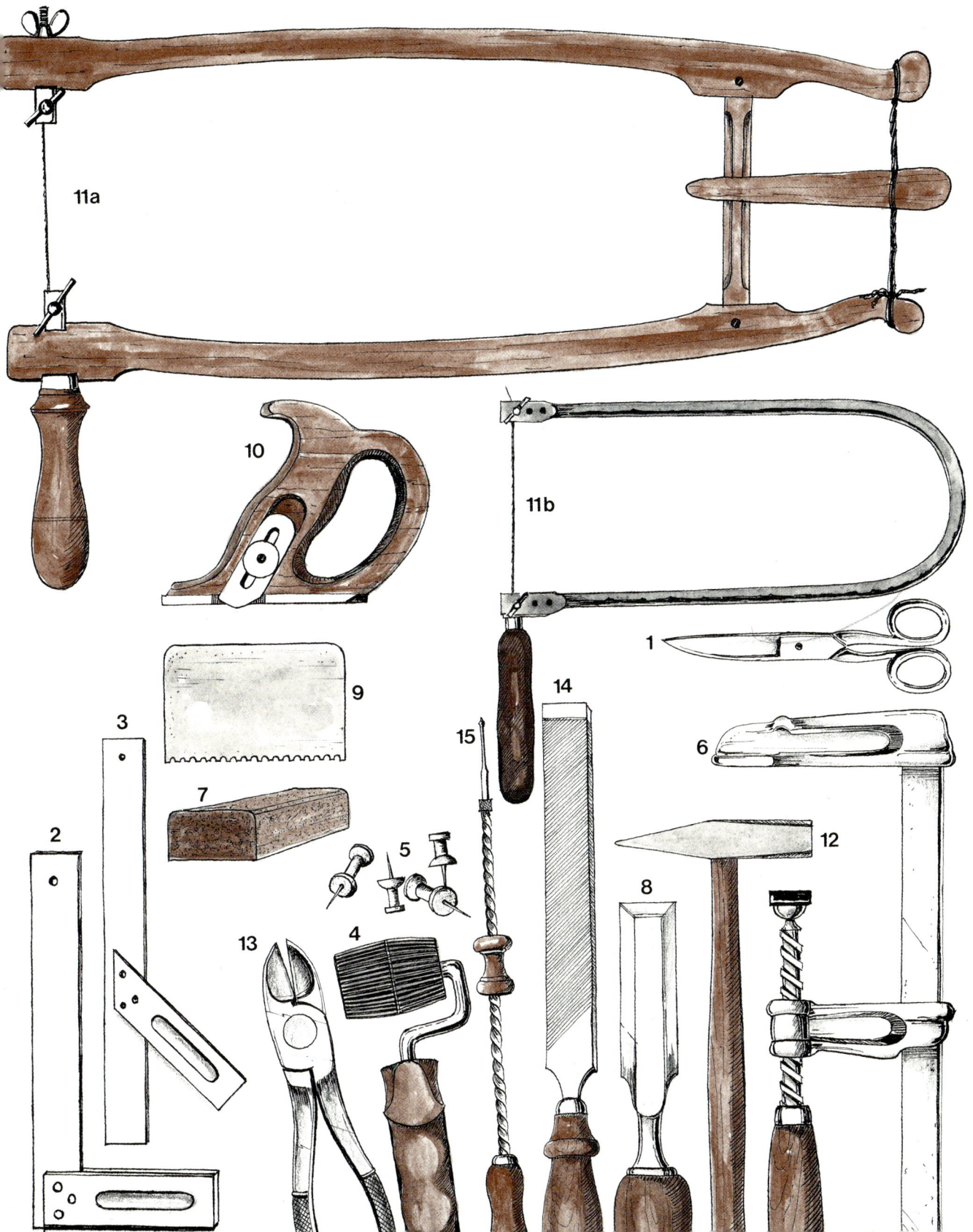

Spezialwerkzeuge

1. *Furnierkantenbeschneider*. Das nach dem Aufleimen über die Platte hinausstehende Furnier wird mit diesem Gerät rationell entfernt (Seite 92).

2. *Bügeleisen*. Schlechte Verleimungen können mit einem Bügeleisen ausgebessert werden, da der Leim thermoplastisch ist (Seite 92).

3. *Hobel*

4. *Adernschneider*, beidhändig zu führen, mit Anschlagbrettchen; es gibt mehrere Ausführungen von Adernschneidern (Seite 64).

5. *Schnitzeisen* (Seite 64 und 68)

6. *Schultermesser* (Seite 78)

7. *Feinsägefeile* (Seite 44)

8. *Ziehklinge*

9. *Ziehklingenstahl* (zum Aufziehen des Grates)

10. *Rautenschneidlehre* für Würfelmuster (Die Anfertigung dieses Werkzeugs ist auf Seite 64 beschrieben)

11. *Fladerspiegel* (Seite 86)

12. *Schleifstein* (Seite 44)

13. *Lochstanzen* (Seite 64)

14. *Pinzette* zum Brennen (Seite 66)

15. *Schwingrahmenlaubsäge* (Abb. Seite 45) oder Laubsäge mit elektrischem Antrieb

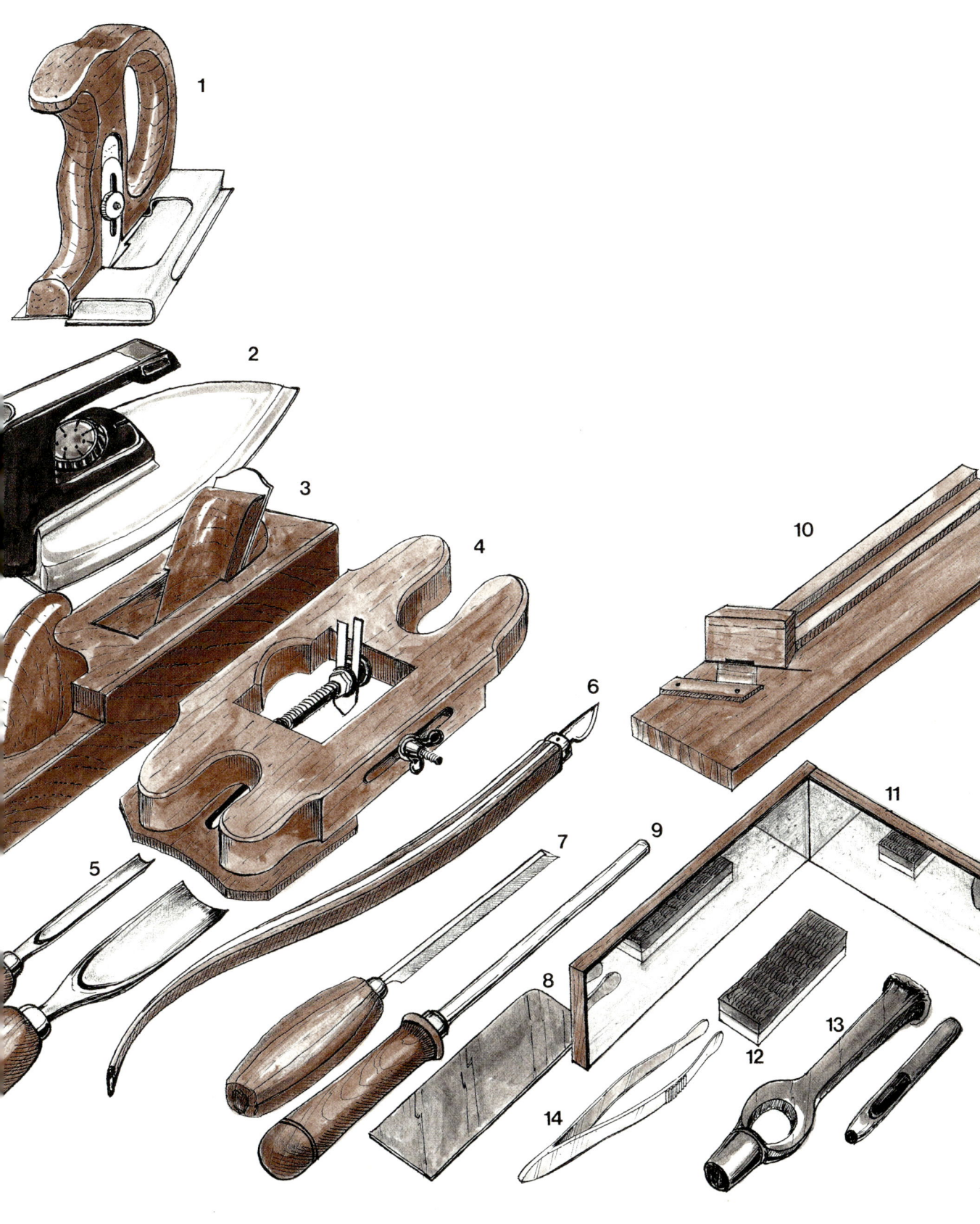

Das Schärfen der Werkzeuge

Das Wichtigste bei der Anfertigung von Einlegearbeiten ist die Verwendung gut geschärften Werkzeugs. Dieses Thema findet leider zu wenig Beachtung. Scharfe Werkzeuge sind die unabdingbare Voraussetzung für das Gelingen einer Einlegearbeit. Stumpfes, ungeeignetes Werkzeug braucht viel mehr Zeit und Kraftaufwand, und das Ergebnis läßt einen die Freude an der Arbeit verlieren. Auch ist die Verletzungsgefahr bei stumpfem Werkzeug größer, da es schwer ins Holz eindringt und deshalb abgleiten kann.

Bei den Werkzeugen zur Holzbearbeitung, die man schärfen muß, verwendet man solche, die Schneiden oder Zähne aufweisen. Alle Sägen weisen eine Schränkung auf (einzige Ausnahme ist die Furniersäge), das heißt, die Zähne stehen abwechselnd seitlich über das Sägeblatt hinaus. Durch die Schränkung wird die Schnittfuge etwas breiter als die Blattdicke, so daß das Sägeblatt im Holz nicht klemmt.

Die einzige Ausnahme unter den Sägen, die *Furniersäge,* soll hier genauer beschrieben werden, denn durch den Gebrauch nützt sie sich ab und muß nachgeschärft werden. Die Zähne werden also nicht geschränkt, sie haben im Querschnitt die Form einer Schneide. Zahnform und Querschnitt sind aus der Zeichnung zu ersehen.

Manche im Handel erhältliche Furniersägen haben eine falsche Zahnform und müssen daher in die richtige Zahnform gefeilt werden. Durch längeren Gebrauch und mehrmaliges Schärfen nützen sich die Zähne ab und sollten mit einer Feinsägefeile nachgefeilt werden. Die Form der Schneide ist auf der dem Griff abgewandten Seite gerade (Spiegelseite), auf der anderen Seite ist eine Fase. Die Fase wird mit einer Eisenflachfeile in die gewünschte Form gebracht, ca. 3–5 mm Fasenbreite, so daß die Zähne in einer Spitze auslaufen. Dann wird die Fase auf einen gröberen Schleifstein aufgelegt und hin- und herbewegt, so lange, bis die Risse der Flachfeile herausgeschliffen sind. Anschließend wird der Vorgang auf einem feinen Schleifstein wiederholt, bis die Risse des groben Schleifsteines entfernt sind. Mit dem feinen Schleifstein wird nun auch die Spiegelseite geschliffen und dann die Fasenseite und Spiegelseite abwechselnd. Diesen Vorgang nennt man Abziehen. Es bildet sich nämlich beim Grobschleifen ein Grat, der entfernt werden muß.

Das Furniermesser wird auf die gleiche Art geschärft, nur hat es auf beiden Seiten eine Fase. Die anderen Werkzeuge des Tischlers wie Stemmeisen, Hobeleisen, Schnitzeisen, werden in gleicher Weise geschärft. Nur wird hier die Fase auf einer Schärfmaschine mit einer Schleifscheibe zugeschliffen.

Schleifsteine. Es gibt natürliche und künstliche Schleifsteine. Bei den künstlichen gibt es kombinierte, eine Seite grob und die andere fein. Schleifsteine müssen beim Schleifvorgang mit Wasser, einige natürliche Schleifsteine, wie z. B. der Arkansas, mit Öl benetzt werden (Herstellerangaben beachten).

Die Schneiden der Werkzeuge sind sehr empfindlich, daher mit Sorgfalt zu behandeln. Neben dem wiederholten Schärfen ist ein geordneter Werktisch zur Schonung der Schneiden angebracht.

Schwingrahmenlaubsäge, selbstgebaut. Der Fuß wird in die Kettenschlaufe gesteckt und zieht den Rahmen nach unten. Eine Feder aus Eschenholz sorgt für den nötigen Zug nach oben.

Die Techniken

Die Wahl der Technik

Die Wahl der Technik und somit die Wahl des Werkzeuges hängt vom anzufertigenden Motiv ab.

1. Zuschnitte mit der *Schere* sind zu wenig genau, daher ist die Schere nur für den groben Zuschnitt geeignet. Aber Kinder können zum Kennenlernen des Werkstoffes einfache Furnierzusammenstellungen gefahrlos mit der Schere anfertigen.

2. *Längere gerade Linien* schneidet man mit der *Furniersäge.* Die Auswahl an geometrischen Mustern ist schier unerschöpflich, vom Schachbrett angefangen bis zu allerlei optischen Spielereien, die mit der Furniersäge zugeschnitten werden können. Der Umgang mit der Furniersäge ist leicht zu lernen. Voraussetzung ist aber das richtige Schärfen dieses Werkzeugs.

3. *Das Furniermesser* eignet sich für kurze gerade Linien und alle Kurven. Alle bildhaften Darstellungen, von denen nur ein Stück angefertigt werden soll, werden in der Messertechnik ausgeschnitten. Dabei gibt es ganz unterschiedliche Schwierigkeitsstufen. Je enger und kleiner die Kurven, desto schwieriger. Deshalb sollte man für den Anfang ein einfacheres Motiv wählen.

4. *Die Laubsäge* hat den Vorteil, daß mehrere Furniere auf einmal geschnitten werden können, und daß man alle Kurven problemlos ausführen kann. Die Faserrichtung drängt die Schnittführung nicht ab, wie das bei der Messertechnik immer geschieht. Der Nachteil bei der Laubsägetechnik ist, daß man die Zeichnung des Furniers nicht so gezielt einsetzen kann wie bei der Messertechnik.

Das Verfahren, bei dem Hintergrund und Motiv gleichzeitig geschnitten werden, ist auch für Anfänger nicht schwierig zu bewältigen. Die Fuge paßt immer zusammen, auch wenn man von der Zeichnung abweicht.

Die Laubsägetechnik führt heute zu Unrecht ein Schattendasein. Die Messertechnik ist geläufiger durch ihre auf den ersten Blick einfachere Methode. Mit dieser Anleitung sollen aber die vielen Möglichkeiten der Laubsägetechnik wieder ins rechte Licht gerückt und vor der Vergessenheit bewahrt werden. So ist etwa die Anfertigung von Bandelwerk mit Adern sonst in keinem erhältlichen Fachbuch zu finden.

Die Problematik der Laubsägetechnik liegt darin, daß die Führung des Laubsägebogens erlernt werden muß und dies vielleicht nicht so leicht fällt. Der Laubsägebogen muß nämlich exakt im rechten Winkel zum Laubsägebrett geführt werden, ansonsten unterscheidet sich das erste Blatt mit der Zeichnung vom untersten Blatt in der Größe. Dieses Problem umgeht man mit einer Schwingrahmensäge (siehe Seite 45), bei der das Sägeblatt immer senkrecht läuft und mit der man auch größere Arbeiten schneiden kann. Beim Laubsägebogen ist man ja durch die Bogentiefe begrenzt. Der Bau einer Schwingrahmensäge oder der Kauf einer Laubsäge mit elektrischem Antrieb wird sich aber nur bei gewerblicher Nutzung lohnen.

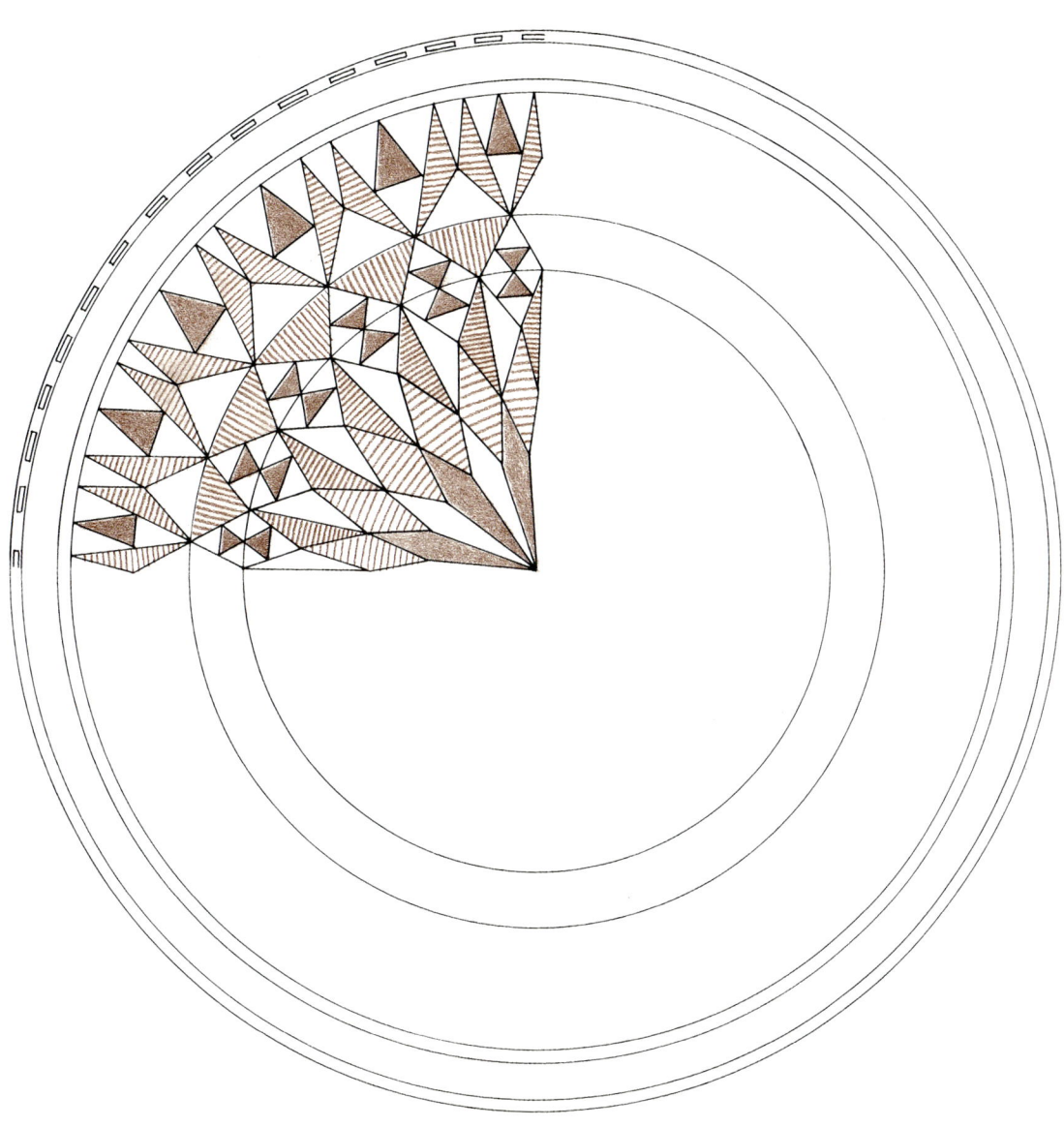

*Runde Tischplatte, nach Zeichnung mit Furniersäge und Furniermesser anzufertigen,
Farben und Faserrichtungen können individuell gestaltet werden.*

Die Handhabung der Furniersäge

Die im Handel angebotenen Furniersägen sind für Rechtshänder ausgelegt. Sollten Sie nur mit der linken Hand arbeiten können, so lassen Sie sich die Griffhalterung von einem Schmied oder Schlosser verdrehen, wobei Sie beim Einkauf der Furniersäge achten müssen, daß die Griffhalterung aus einem schmiedbaren Material ist. Die dem Griff abgewandte Seite des Sägeblattes ist gerade (Spiegelseite). Sie wird an das Lineal angehalten und soll flach anliegen. Die Furniersäge wird so gehalten, daß die Zähne der vorderen Hälfte des Sägeblattes zum Einsatz kommen. Nun wird dem Lineal entlang zum Körper geschnitten und der Vorgang so lange wiederholt, bis sich das Furnierblatt ablöst. Quer zur Faser ist ein größerer Kraftaufwand und mehrmaliges Schneiden notwendig. Bei Längsschnitten von weichen Furnieren ist das Blatt oft mit einem Schnitt abgetrennt. Bei Schnitten quer zur Faser empfiehlt es sich, die Furniere auf einer Seite mit Klebestreifen zu verkleben, um ein Abbrechen oder Ausreißen zu verhindern. Besonders am Ende des Furniers spaltet sich leicht ein Stück ab. Man kann dem auch durch weniger Druck beim Ausfahren begegnen.

Sollte die geschnittene Kante nicht gerade sein, so ist dies ein Zeichen dafür, daß die Säge nicht ordnungsgemäß geschärft ist: Das Furnierblatt reißt nach der Faser, weil es nicht durchschnitten wird. Die Unterlage und das Lineal müssen plan sein, sonst verrutscht das Lineal, und das Furnier ist verschnitten. Wer in den Fingern zu wenig Kraft zum Festhalten des Lineals hat, kann das Lineal mit Schraubzwingen halten, wobei diese so angebracht sein müssen, daß sie die Schnittführung nicht behindern. Das Umspannen der Schraubzwingen ist ein zusätzlicher Arbeitsaufwand, aber dafür hat man garantiert saubere Schnitte. Besonders bei harten Furnieren ist dieses Verfahren zu empfehlen, da man mehrmals schneiden muß, bevor sich das Blatt abtrennt.

Bei spröden Furnieren ist eine gerade Kante oft schwer zu erzielen. Man behilft sich in solchen Fällen durch Schleifen. Schleifpapier wird auf den Arbeitstisch aufgelegt und das Furnierstück sanft hin und her bewegt.

Das Verkleben der Fugen mit Klebestreifen

Die Furnierstücke werden mit einer Hand zusammengepreßt, mit der anderen Hand wird der Klebestreifen über die Fuge geklebt. Zuerst kurze Stücke Klebestreifen quer zur Fuge, dann kann man loslassen und mit beiden Händen die Fuge längs verkleben. Der Klebestreifen soll genügend und gleichmäßig befeuchtet sein. Damit er besser hält, kann man ihn mit einem Tapetenfugenroller festdrücken. Die Außenseite (schöne Seite) wird verklebt, die Seite, die aufgeleimt wird, muß von Klebestreifen frei bleiben, damit das Furnier sich mit der Trägerplatte verbinden kann.

Furniere zusammensetzen, als Beispiel: Kreuzfuge

Man braucht vier gleiche Blätter mit starker Fladerung oder Maserung. Man numeriert die Blätter so, wie man sie vom Bund nimmt, schneidet die Längsfugen nach, setzt Blatt 1 und 2 zusammen und Blatt 3 und 4, wobei Blatt 2 und Blatt 4 gestürzt (seitenverkehrt) werden. Nun faltet man Blatt 1 und 2 zusammen und schneidet die Mittelfuge mit dem Winkel. Blatt 3 und 4 hält man unter Blatt 1 und 2 und zeichnet den Punkt an, an dem die Fladerung gleich weiterläuft.

Nun braucht man nur noch Blatt 3 und 4 mit dem Winkel vom angezeichneten Punkt aus zu schneiden und mit Blatt 1 und 2 zusammenzukleben. Eine Ergänzung dazu wäre noch eine Einfassung mit einer Ader und einem Randstreifen herum, Facette genannt. Die Facette kann die Faserrichtung quer zur Ader haben oder im Winkel von 45° verlaufen.

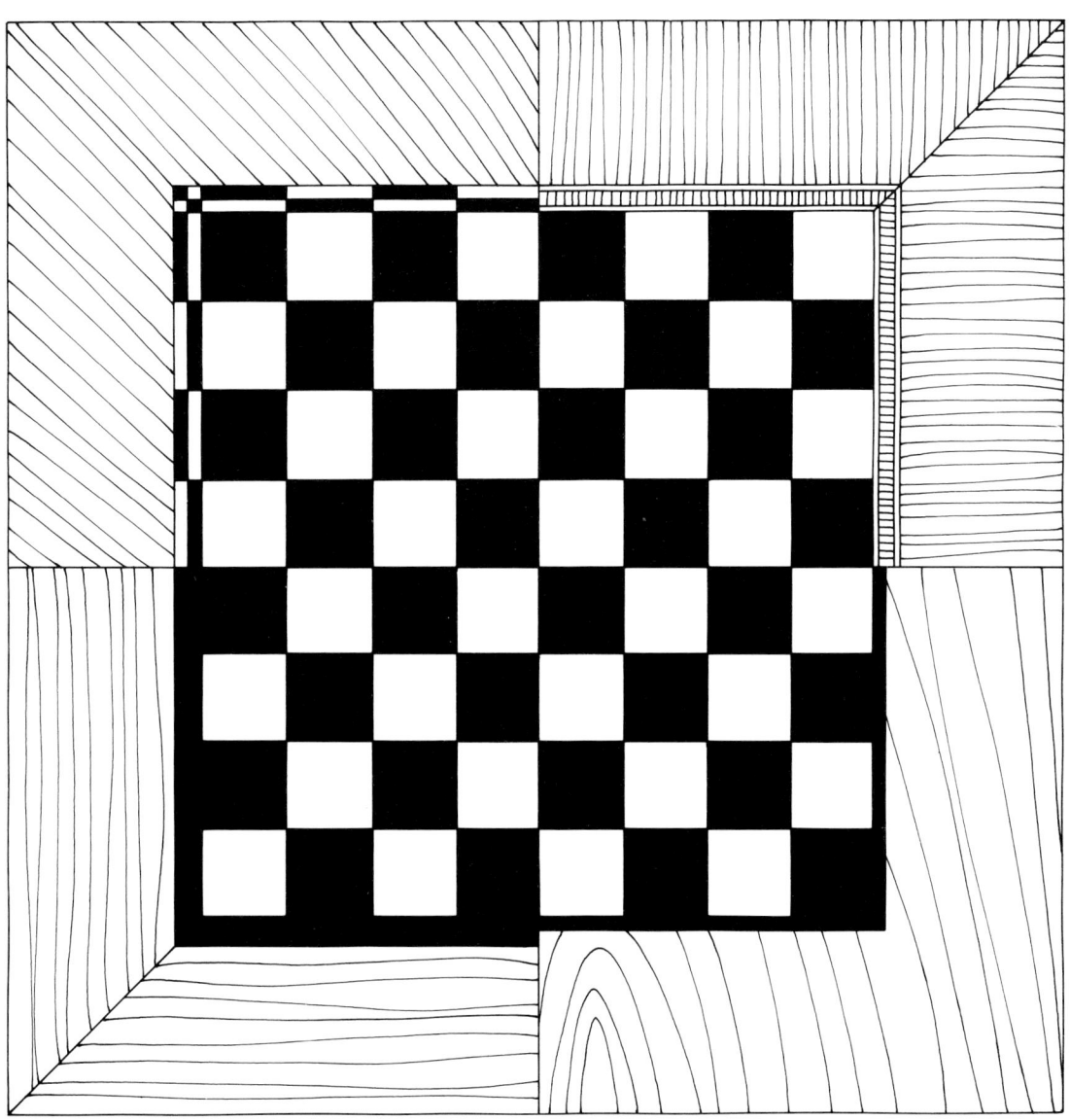

Schachbrett mit vier verschiedenen Arten der Einfassung.

Schachbrett, Mühle, Backgammon

Bevor man sich als Anfänger an schwierige Arbeiten heranwagt, sollte man seine Geschicklichkeit an der Herstellung eines *Schachbrettes* erproben.

Je vier Streifen eines hellen und vier Streifen eines dunklen Furniers werden mit der Furniersäge zugeschnitten. Die Breite der Streifen richtet sich nach der Größe der Schachfiguren. Bei einem Turnierbrett ist ein Feld 4 × 4 cm groß. Die Länge der Streifen beträgt mindestens das Achtfache der Breite. Es soll aber eine Feldbreite dazugegeben werden, falls eine Reihe nicht gelingen sollte, daß man sie auswechseln kann. Nun wird immer ein Streifen mit Klebestreifen an den nächsten geheftet.

Beim Querschneiden muß nun genau im rechten Winkel – mittels eines Holzwinkels oder Dreiecks – geschnitten werden. Es sind acht Streifen zu schneiden. Jeden zweiten Streifen verdreht man nun um 180° und erhält so das Schachbrettmuster. Sollten an den Außenkanten einzelne Felder etwas vorstehen, so können diese geradegeschnitten werden.

Das Schachbrett braucht für eine gute Wirkung aber noch eine Einfassung. Hierfür bietet sich das Reststück des Querschneidens an, das zu schmalen Streifen geschnitten und versetzt aneinandergefügt werden kann. Auf diese Weise ergibt sich eine dekorative Ader. Die Ader kann aber auch einfarbig oder mehrfarbig zusammengesetzt werden. Ein breiter Rand schließt das Schachbrett ab. Die Faserrichtung des Randes kann beliebig gewählt werden. Wichtig ist, daß er am Brettrand etwas übersteht, da die Kanten erst nach dem Aufleimen beschnitten werden. Hier nun eine Anleitung für eine 45gradige Facette als Rand. Von einem schmalen Furnierband mit schlichter Zeichnung wird ein durchgehendes Stück, also alle Blätter, in der Randbreite plus 1 cm Verschnitt, 45° zur Faserrichtung herabgeschnitten. Man setzt nun so viele Blätter gestürzt zusammen, wie man für eine halbe Schachbrettlänge braucht. Aufpassen, auf welche Seite der Klebestreifen kommen soll. Die zusammengesetzten Blätter werden geradegeschnitten und an die Ader so angesetzt, daß am Ende das Furnier um ein paar Millimeter übersteht. Die Ecken und auch die Mitten werden überlappt und danach erst zusammen geschnitten.

Beim Mühlespiel hat man größere Möglichkeiten als beim Schachbrett, individuell die Farben und die Faserrichtung einzusetzen. Auch können die Eck- und Knotenpunkte zusätzlich mit Kreisen oder Quadraten hervorgehoben werden. Man beginnt von der Mitte aus zu arbeiten, wobei das Quadrat in der Mitte ganz exakt stimmen muß, weil sich ein Fehler nach außen hin weiterzieht und vergrößert. Da man die Diagonalen meistens trennt, weil man dabei mit Streifen arbeiten kann, ist es notwendig, das Quadrat aus gleichschenkeligen Dreiecken zusammenzusetzen. Die schmalen Streifen und die breiten Streifen werden nunmehr vorbereitet und an das Quadrat angeheftet. Die Streifen sollen sich an den Diagonalen überlappen; sie werden zusammen geschnitten.

Die Backgammon-Spielplatte besteht aus drei Farben. Auf das Grundfurnier werden die Dreiecke aufgezeichnet und mit dem Furniermesser und dem Lineal ausgeschnitten. Die Dreiecke werden mit der Furniersäge zugeschnitten und eingesetzt. Es ist von Vorteil, die Furniere mit Klebestreifen vor dem Zuschneiden zu überkleben, um ein Ausreißen der Spitzen zu verhindern.

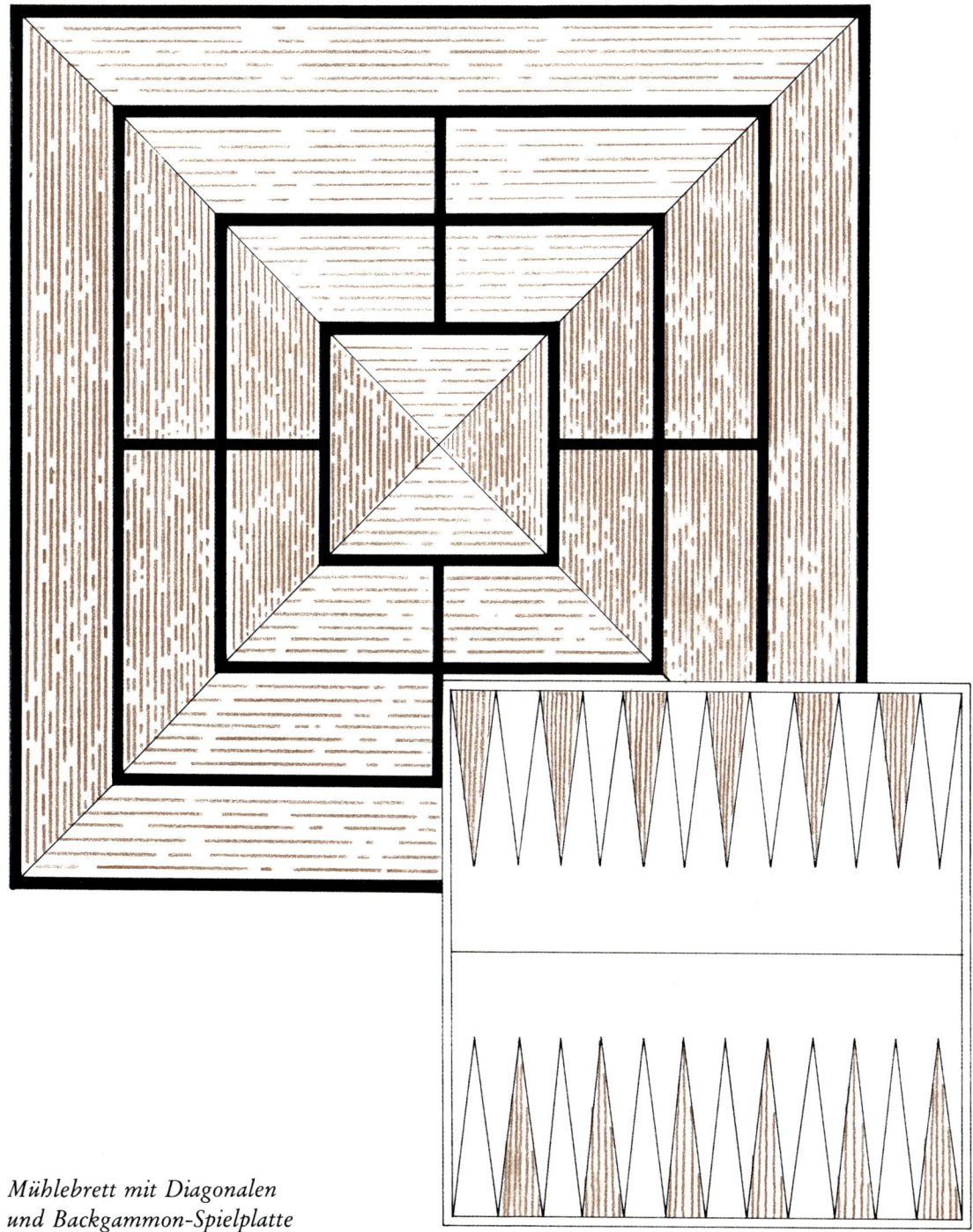

*Mühlebrett mit Diagonalen
und Backgammon-Spielplatte*

Die Messertechnik

Schon im Mittelalter beschwerte sich ein Meister, daß mit Intarsien nichts zu verdienen sei und die Gesellen nicht dabei ausharren wollten. Dies trifft für die Messertechnik zu und nur für die Messertechnik. Sie ist eine Technik, die sehr zeitaufwendig ist und daher meist nur als Hobby Verwendung findet. Dies gilt natürlich nur für kompliziertere Arbeiten. Einfache Motive werden im Möbelbau in dieser Weise ausgeführt und auch nach Zeitaufwand bezahlt.

Die Messertechnik gibt uns die Möglichkeit, über das Handwerkliche hinauszugehen und zur Kunst zu finden. Die Furniere können hier nach künstlerischen Gesichtspunkten ausgewählt und mit dem Entwurf zu einer Einheit verschmolzen werden. So ist diese Technik mit der Malerei vergleichbar. Es soll aber nicht die Malerei nachgeahmt werden. Vielmehr muß die Zeichnung des Furniers optisch immer Ausdruck der Gestaltung sein und somit zur Geltung kommen. Daher soll der Entwurf in nicht zu kleine Teile zerlegt werden.

In der Renaissance kam es zunächst zur Blüte der Intarsienkunst, dann aber zum Niedergang, weil man mit der Malerei konkurrieren wollte. Damals wurden stärkere Furniere verwendet und zum Schneiden das Schultermesser. Ansonsten ist die damalige Verarbeitungsweise durchaus mit der heutigen Messertechnik vergleichbar. Die Intarsienkunst kann somit nicht mit der Malerei konkurrieren, sie ist dieser nur vergleichbar, hat aber eigene Gesetze. Diese Gesetze wird man erkennen, wenn man sich für den Werkstoff Holz begeistert.

Die moderne Kunst gibt uns die Möglichkeit, den Naturalismus zu umgehen, das Wesentliche mit einfachen Formen und Linien auszudrükken. Wagen Sie ruhig eigene Entwürfe, lassen Sie sich vom Furnier inspirieren.

Man kann im Prinzip jede Form mit dem Furniermesser schneiden, nur – je kurviger und kleiner eine Zeichnung ist, desto schwieriger und zeitraubender ist die Ausführung. Auch daher ist die Wahl einfacher, klarer Formen und Linien zumindest für den Anfänger zu empfehlen.

Die Messertechnik hat den großen Vorteil, daß man aus dem Furnierblatt die Stelle aussuchen kann, die durch ihre Struktur, Zeichnung und Farbe die beste Wirkung für das gewählte Motiv ergibt. Als Beispiel nenne ich die Augen der Eule von Seite 18. Sie sind nicht eingesetzt, sondern natürlich gewachsene Äste aus zwei Nußfurnierblättern.

In den Zeichnungen des vorliegenden Buches versuche ich auch zu zeigen, wo durch hellere oder dunklere Farben Plastizität erreicht wird. Versuchen Sie, aus den Furnieren adäquate Stellen auszusuchen. Dies ist zeitaufwendig, aber das eigentlich Kreative an der Messertechnik. Vielleicht wird Ihre Phantasie so angeregt, daß Sie plötzlich das Furnier mit »Augen« anschaut oder Sie Szenen sehen, die nur noch darauf warten, von Ihnen zu einem Bild zusammengestellt zu werden. Daher sollte der Entwurf nur als Leitlinie angesehen werden und eine Änderung der Konturen möglich sein, wenn die Zeichnung des Furniers einen besseren Linienverlauf verspricht.

Themenkreise, die sich für die Messertechnik besonders gut eignen, sind alle Tierdarstellungen; besonders Vögel lassen durch ihr buntes Federkleid phantasievolle Farbenzusammenstellungen zu. Auch Landschaften lassen sich mit Furnieren leicht gestalten.

Der technische Ablauf bei der Messertechnik ist äußerst einfach und wird auf Seite 56 beschrieben.

Das Maria Saaler Freilichtmuseum in Messertechnik. Die Zeichnung des Furniers ist gut ausgesucht und der Lichteinfall berücksichtigt.

Das Wappen der Harbecks.
Hintergrund aus Vogelaugen-
ahorn, Blattwerk und Panther
Ahorn natur und blau gefärbt,
Helm Nuß und Amarant, Kral-
len und Zunge Rosenholz.

Die verschiedenen Verfahren bei Einlegearbeiten mit Furniersäge und -messer

Wir unterscheiden nach der Art der Darstellung Bilder, die einen durchgehenden Hintergrund haben, wobei das Motiv klar vom Hintergrund abgegrenzt ist, und solche ohne oder zumindest ohne durchgehenden Hintergrund.

Ornamentale oder figurale Darstellung mit durchgehendem Hintergrund

1. *Unterlegeverfahren.* Der Hintergrund wird, falls man kein genügend großes Furnierblatt hat, zusammengesetzt. Dort, wo das Motiv eingesetzt werden soll, wird die Fläche mit Klebestreifen überklebt. Auf diese paust man die Zeichnung. Entweder nur die Umrisse oder beim zweiten Verfahren die ganze Zeichnung. Beim ersten Verfahren werden die Umrisse mit dem Messer geschnitten, die entsprechenden Furniere unterlegt und ausgeschnitten, dann an die Konturen angefügt. Beim zweiten Verfahren wird jedes Teil einzeln ausgeschnitten, das Furnier unterlegt, zugeschnitten und eingesetzt. Dieses Verfahren ist entsprechend zeitaufwendiger, aber bei Entwürfen, die eine sehr zartgliedrige oder verästelte Zeichnung haben (z. B. Rosenstiele), zu empfehlen.

Die Furnierteile können mit einem harten, gut gespitzten Bleistift angezeichnet oder mit dem Furniermesser angeritzt und dann nachgeschnitten werden.

Beim Unterlegeverfahren wird nach einer genauen Zeichnung gearbeitet, da ja die Konturen festgelegt werden und dadurch wenig Änderungen während der Arbeit möglich sind.

2. *Auflegeverfahren.* Die Motive werden zusammengesetzt und erst dann auf den Hintergrund aufgelegt. Dabei hat man die Möglichkeit, noch anders zu gruppieren als im Entwurf. Nun zeichnet oder ritzt man die Konturen an, schneidet den Hintergrund aus und setzt die Motive ein.

3. *Doppelblattverfahren bei der Messertechnik.* Es lassen sich zwei Furniere auf einmal schneiden, wenn weiche Furniere und ein scharfes Messer mit einer dünnen Klinge verwendet werden. Man legt ein helles und ein dunkles Furnier übereinander und schneidet das Motiv. Nun wechselt man die Furniere aus und erhält ein Positiv- und ein Negativbild.

Alle Flächengestaltungen ohne Hintergrund oder ohne durchgehenden Hintergrund

1. *Ansetzverfahren.* Es wird in einer Ecke angefangen und Stück für Stück dazugesetzt. Man braucht sich nicht unbedingt an den Entwurf zu halten, sondern kann frei gestalten, wenn die Zeichnung des ausgesuchten Furnierblattes einen natürlicheren Linienverlauf verlangt.

2. *Geometrische Muster* wie zum Beispiel das Würfelmuster müssen nach einer Geraden zusammengesetzt werden. Man benützt eine gezeichnete Linie oder ein Lineal als Anschlag. Würde man das Würfelmuster frei zusammensetzen, würden sich Krümmungen ergeben und das Muster nicht im rechten Winkel ausgerichtet sein, was sehr den Gesamteindruck stören würde.

3. *Mosaikartige oder feingliedrige Zusammensetzungen.* Man betupft die Furnierstücke mit wenig Leim und legt sie auf die Zeichnung auf, anstatt sie mit Klebestreifen zu verbinden. Da-

mit die Zeichnung stabilisiert wird, leimt man sie auf einen Karton oder auf eine Platte auf, die erst nach dem Aufleimen der Einlegearbeit entfernt wird. Dieses Verfahren ergibt ein spiegelverkehrtes Bild, da die Zeichnung während der Arbeit den Hintergrund bildet und nach dem Aufleimen die sichtbare Seite ist. Die Zeichnung soll auf einem stärkeren Papier gezeichnet sein, wenn man sie auf eine Platte aufleimt, die ja mit Gewalt abgetrennt werden muß, damit eine Trennung möglich ist.

Die Einlegearbeit, die auf dem Farbbild auf Seite 72 zu sehen ist, wurde nach diesem Verfahren hergestellt.

Dieser Hund stammt aus Stickvorlagen (zweite Hälfte 19. Jhdt.). Beim Entwurf wurde auf eine einfache Linienführung geachtet, um das Sticken zu erleichtern. Dies entspricht auch der Linienführung, die uns die Arbeit mit dem Furniermesser erleichtert. Dieser Hund wäre ein Beispiel für das Unterlegeverfahren in Messertechnik. Bei sehr kleiner Ausführung könnte man mit der Laubsäge die Konturen schneiden und den Körper gravieren, wollte man mehrere Stücke auf einmal anfertigen.

Die Laubsägetechnik

Auch schwierige Motive können in dieser Technik problemlos ausgeschnitten werden, da die Laubsäge ja jede Kurve schneiden kann. Eine Eigenheit des Verfahrens ist, daß mehrere Furniere auf einmal geschnitten werden. Ein einzelnes Furnier läßt sich dagegen nur sehr schwer oder gar nicht schneiden. Daher ist die Laubsägetechnik sehr gut geeignet für sich wiederholende Motive, wie es bei symmetrischen Ornamenten der Fall ist, oder für Serienarbeiten. Es wird ein ganzes Paket mit Furnieren geschnitten. Eine ideale Stärke ergeben 8 Blatt Furniere. Viel mehr sind schon mühsam zu schneiden; viel weniger bieten zuwenig Widerstand, das Sägeblättchen läuft zu schnell durch und spaltet die Furniere, statt sie zu schneiden.

Der Zusammenhalt des Furnierpaketes kann
1. durch Nägel (Drahtstifte 0,8 × 10) entlang der Konturen erreicht werden oder
2. man klebt Abdeckstreifen (Kreppstreifen) auf die Kanten des Furnierpaketes, oder
3. man leimt die Furniere zusammen und legt immer Papier dazwischen, damit sie wieder getrennt werden können.
Bei einem dunklen Hintergrund stören die Nagellöcher nicht, bei hellen Hölzern ist die dritte Methode zu empfehlen.

Die Zeichnung: Ich leime auf ein billiges, glattes Furnier ein Zeichenblatt oder weißes Packpapier. Darauf pause ich den Entwurf. Dieses Blatt kommt als oberstes ins Furnierpaket. Wenn von diesem Paket die einzelnen Teile ausgeschnitten werden, weiß man am Ende nicht mehr, wohin die einzelnen Teile gehören. Um aus der Einlegearbeit kein Puzzlespiel zu machen, wird im Entwurf und in der Zeichnung auf dem Furnierpaket jedes Teil numeriert; somit lassen sich die Einzelteile jederzeit wieder zuordnen.

Arbeitserleichterungen: Das unterste Blatt im Furnierpaket reißt beim Sägen gern ein. Deshalb wird ein zusätzliches Blatt als Blindblatt genommen. Die anderen Furniere sollen mit Klebestreifen auf einer Seite überklebt werden, man erspart sich dadurch viel Ärger. Furniere sind nämlich entlang der Faserrichtung sehr brüchig. Sie können reißen, oder es können Stücke verlorengehen, wenn kleine Teile und Spitzen ausgeschnitten werden. Dies läßt sich verhindern, wenn überall, wo geschnitten wird, mit Klebestreifen stabilisiert wird. Da bei der Laubsägetechnik sehr oft nur die Hälfte oder ein Viertel des Entwurfes geschnitten wird und die Furniere dann aufgeklappt (gestürzt) werden, muß man beim Verkleben und Zusammenlegen darauf achten, daß im Furnierpaket die verklebte Seite so zu liegen kommt, daß sie nach dem Aufklappen die Sichtseite bildet.
Damit das Sägeblatt leichter läuft, kann es mit Wachs eingeschmiert werden. Eine andere Möglichkeit besteht darin, Papier mit Wachs zu tränken und dem Furnierpaket beizulegen.
Bei der Laubsägetechnik gibt es zwei Verfahren. Beim ersten werden Motiv und Hintergrund zugleich geschnitten. Es wird also im *Doppelblattverfahren* gearbeitet, wie wir es von der Messertechnik her schon kennen. Nur müssen bei der Laubsägetechnik mehrere Furniere gleichzeitig geschnitten werden. Ausgenommen von dieser Regel sind Starkschnittfurniere, da hat man mit zwei Blatt die richtige Stärke. Das Doppelblattverfahren ist für den Anfänger gut geeignet, da nach dem Schneiden und Auswechseln die Fugen immer zusammenpassen.
Beim anderen Verfahren werden Motiv und Hintergrund getrennt geschnitten. Da durch das *Zweimalschneiden* Fehler entstehen können, ist diese Technik nur Geübten zu empfehlen.

Motiv für das Doppelblattverfahren. 4 Nußfurnierblätter und 4 Ahornfurnierblätter werden zu einem Paket zusammengestellt, da ja nur ein Viertel des Entwurfes geschnitten wird. Nach dem Schneiden werden die Blattranken aus Ahorn gebrannt und in das Nußfurnier eingesetzt.

Doppelblattverfahren. Ein Viertel des Entwurfes wird auf das papierbeklebte Furnier gezeichnet. Von vier hellen und vier dunklen Furnieren wird jeweils eine Kreuzfuge hergestellt, aber nur die Längsfuge zusammengefügt, da ja zusammengeklappt werden muß. Die Flächen so mit Klebestreifen bedecken, daß sie zusammengeklappt einander gegenüberliegen. Also sind zwei helle und zwei dunkle Furniere einmal oben und einmal unten verklebt. Die Furnierblätter werden genau übereinandergelegt, das papierverklebte Furnier oberhalb, ein Blindfurnier unterhalb und entlang den Konturen zusammengenagelt. Die vorstehenden Nägel werden mit einem Seitenschneider abgezwickt (Augen dabei schließen) und mit einer Eisenfeile flachgefeilt. Nun wird geschnitten. Sollte die Zeichnung nicht an den Rand gehen (durchgehender Hintergrund), muß mit dem Drillbohrer ein Loch gebohrt und das Laubsägeblatt eingefädelt werden. Nach dem Schnitt reißt man das unterste Blindblatt ab und drückt mit dem Seitenschneider das Furnierpaket nieder. Da das unterste Blatt entfernt ist, heben sich die Nagelköpfe, so daß nun die Nägel herausgezogen werden können. Die Furniere werden aufgeklappt, die Kreuzmittelfugen zusammengefügt und die hellen Furniere in die dunklen eingesetzt, aber so, daß der Klebestreifen immer nur auf einer Seite (Außenseite) zu liegen kommt. Mit Klebestreifen die Fugen verschließen. Auch das Negativ kann, wenn es Gefallen findet, zusammengesetzt und verwendet werden.

Das Zweimalschneiden. Das Verfahren, bei dem zweimal geschnitten wird, hat den Vorteil, daß es Furnier spart und daß man die Faserrichtung gezielter einsetzen kann. Dies soll am Beispiel des Entwurfes von Seite 59 erklärt werden. Angenommen, man benötigt zweimal die Einlegearbeit von Seite 59, wie dies bei einem Möbelstück öfters der Fall ist, für zwei Türen, so hat man die Möglichkeit, anstatt ein Viertel zu schneiden, nun die Hälfte im Doppelblattverfahren anzufertigen. Die andere Möglichkeit besteht darin, wieder ein Viertel zu nehmen, aber zunächst nur den Hintergrund, also acht dunkle Furniere, zu schneiden. Dabei wird das Motiv, die Blätterranken, in der Zeichnung auf dem papierverklebten Furnier vom Hintergrund getrennt. Dieses Motiv dient uns als Schablone. Es wird platzsparend auf ein Stück Furnier aufgeleimt, mit acht hellen Furnieren (vier unten, vier oben verklebt) unterlegt und außerhalb der Schablone zusammengenagelt. Und nun wird möglichst genau nach der Schablone geschnitten. Ist der Schnitt gelungen, passen die Blätter exakt in den Hintergrund; wenn nicht, kann mit dem Furniermesser nachgeschnitten werden.

Da bekanntlich alle Theorie grau ist und die Praxis manchmal schwierig, möchte ich noch einmal an einem anderen Beispiel das Zweimalschneiden erklären und mit nebenstehender Zeichnung verdeutlichen. Es ist dies außerdem ein Beispiel, bei dem nicht nur die Laubsäge zum Zug kommt, sondern alle geraden Schnitte mit der Furniersäge ausgeführt werden.

Links ist der Entwurf zu sehen, rechts die Zeichnung, die benötigt wird. Darauf die Faserrichtung angedeutet. Die Schablonen werden nun auf die Furnierstücke so aufgeleimt, daß die Faserrichtung in der gewünschten Linie verläuft, Teil 1, 2 und 3 mit etwa 8 bis 16 Stücken von hellem Furnier, Teil 4 und 5 mit ebensovielen dunklen Furnieren unterlegt und zugeschnitten. Teil 1 und 3 werden gebrannt. Die zwei Mittelstreifen werden mit der Furniersäge geschnitten und mit dem Furniermesser abgelängt, die Teile nun zusammengesetzt. Teil 4 und 5 ist mit der Laubsäge mit Übermaß zugeschnitten und wird erst nach dem Anfügen mit Furniersäge und Lineal beschnitten.

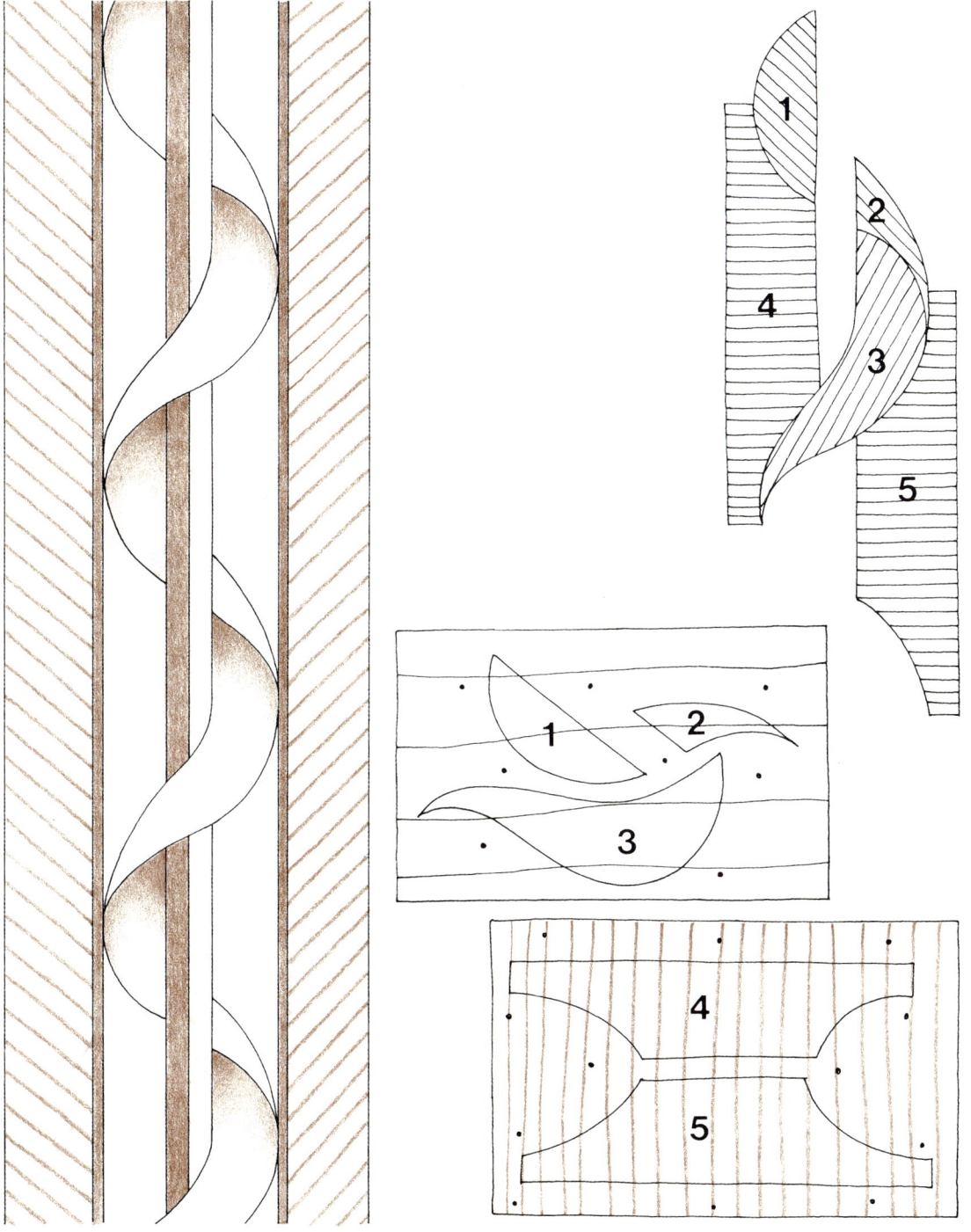

Barockes Bandelwerk

Bandelwerk. Ein beliebtes Motiv in der ersten Hälfte des 18. Jahrhunderts war das Bandelwerk. Anhand der Herstellung eines solchen Musters möchte ich die Laubsägetechnik nochmals wiederholen und Ihnen einige Tricks verraten. Das Bandelwerk ohne Adern kann im Doppelblattverfahren angefertigt werden. Die richtige Wirkung hat es aber erst mit hellen Adern. Ahorn eignet sich dafür sehr gut. Bei diesem Verfahren wird zweimal geschnitten, nur wird nicht entlang der Schablone, sondern um die Adern kleiner geschnitten.

Ein Bandelwerkmotiv besteht meist aus dem inneren Furnier, dem inneren Bandelwerk und, darin verschlungen, dem äußeren Bandelwerk, dazwischen meistens ein Maserfurnier. Außen wird das Motiv mit einer Facette eingerahmt.

Bandelwerk mit Adern. Arbeitsanleitung: Wir beginnen wieder mit dem Entwurf, von dem wir ein Viertel auf ein papierverklebtes Furnier übertragen. Mit einem Viertel können wir bei acht Furnieren zwei ganze Motive herstellen. Die Zeichnung muß sehr genau sein, besonders die Adern sind ganz genau zu zeichnen, ca. 1,5 mm breit. Ich zeichne mit Bleistift vor und ziehe mit einer Feder nach. Vom Innenfurnier – Nuß gefladert eignet sich sehr gut – wird eine Kreuzfuge hergestellt. Nur die Längsfuge wird mit Klebestreifen verbunden, da ja auf die Viertelzeichnung zusammengeklappt wird. Die Furniere werden unter die Zeichnung gelegt und entlang des Bandelwerkes zusammengenagelt. Alle Teile, die aus diesen Furnieren sein sollen, werden ausgeschnitten. Nun werden Maserfurniere unter die Zeichnung gelegt, genagelt und die äußeren Felder ausgeschnitten. Übrig bleibt die Schablone aus papierbeklebtem Furnier. Jetzt folgen Arbeitsabläufe, die neu sind: Es

werden Platten in der Größe des Motivs vorbereitet, auf diese Papier aufgelegt. Die Innenfurniere werden aufgeklappt, die Kreuzfuge zusammengestellt und auf die papierbelegten Platten so genagelt, daß der Klebestreifen oben liegt. Statt der Nägel – dieselben, die wir zum Zusammenheften des Furnierpaketes verwendet haben – kann man auch Markiernadeln nehmen.

Anschließend werden die Maserfurniere aufgenagelt. Die Position wird mit der Schablone eingerichtet. Nach dem Einrichten darf die Schablone in Stücke geschnitten werden; man durchtrennt die Gehrungen. Die einzelnen Teile werden, nach äußerem und innerem Bandelwerk getrennt, auf ein Stück Blindfurnier aufgeleimt. Dabei wird darauf geachtet, daß die Stücke entsprechend der späteren Faserrichtung zu liegen kommen. Dies kann quer oder längs zum Bandelwerk gewählt werden. Dieses Blindfurnier mit der aufgeleimten Schablone wird mit den gewünschten Furnieren unterlegt, außerhalb des Bandelwerkes genagelt und entlang der gezeichneten Ader geschnitten. Durch die Schnittfuge kommt es zu Veränderungen, daher muß ein Probestück geschnitten werden, ob die Zeichnung von der Breite des Bandelwerkes den tatsächlichen Verhältnissen entspricht. Das ausgeschnittene Bandelwerk wird mit Leim betupft und auf das unterlegte Papier geleimt. Eine Befestigung mit Nägeln ist nicht anzuraten, da diese beim Einlegen der Adern im Wege sind. Auch beim Aufnageln der Mittelfurniere und Maserfurniere ist darauf zu achten, daß die Nägel nicht zu nahe beim Bandelwerk stehen und nicht ganz hineingeklopft werden, damit sie leicht entfernt werden können. Das Bandelwerk liegt jetzt so, daß links und rechts gleichmäßig Platz für die Ader ist. Da wir nur ein Viertel geschnitten haben, das Bandelwerk abwechselnd einmal darüber und einmal darunter laufen soll, muß das Bandelwerk bei den Überschneidungen etwas länger als die Schablone zugeschnitten werden.

Die Ahornadern werden mit dem Furniermesser abgelängt und in die Fugen eingelegt. Das Messer hat dabei eine Funktion ähnlich der eines Schuhlöffels. Die Ahornadern werden als gerade Furnierstreifen geschnitten, die dann in die gewünschte Form gebogen werden. Ausgenommen sind die manchmal beim Bandelwerk zu sehenden Schnecken; so eng läßt sich ein Furnierstreifen nur aufgestellt biegen. Daher werden die Adern um die Schnecke mit der Laubsäge zugeschnitten.

Die Adern werden nicht wie sonst mit der Furniersäge, sondern mit einem scharfen Furniermesser zugeschnitten. Das Ahornfurnierblatt wird zunächst in Wasser eingeweicht; so lassen sich die Adern besser schneiden und sind auch biegsamer beim Einlegen. Die Fugen werden mit Klebestreifen verklebt. Sollte die Ader aufstehen wollen, preßt man sie mit Schraubzwingen nieder; auch Reiben mit einem Hammer hilft. Außen wird beschnitten und eine Ader mit der Facette angefügt.

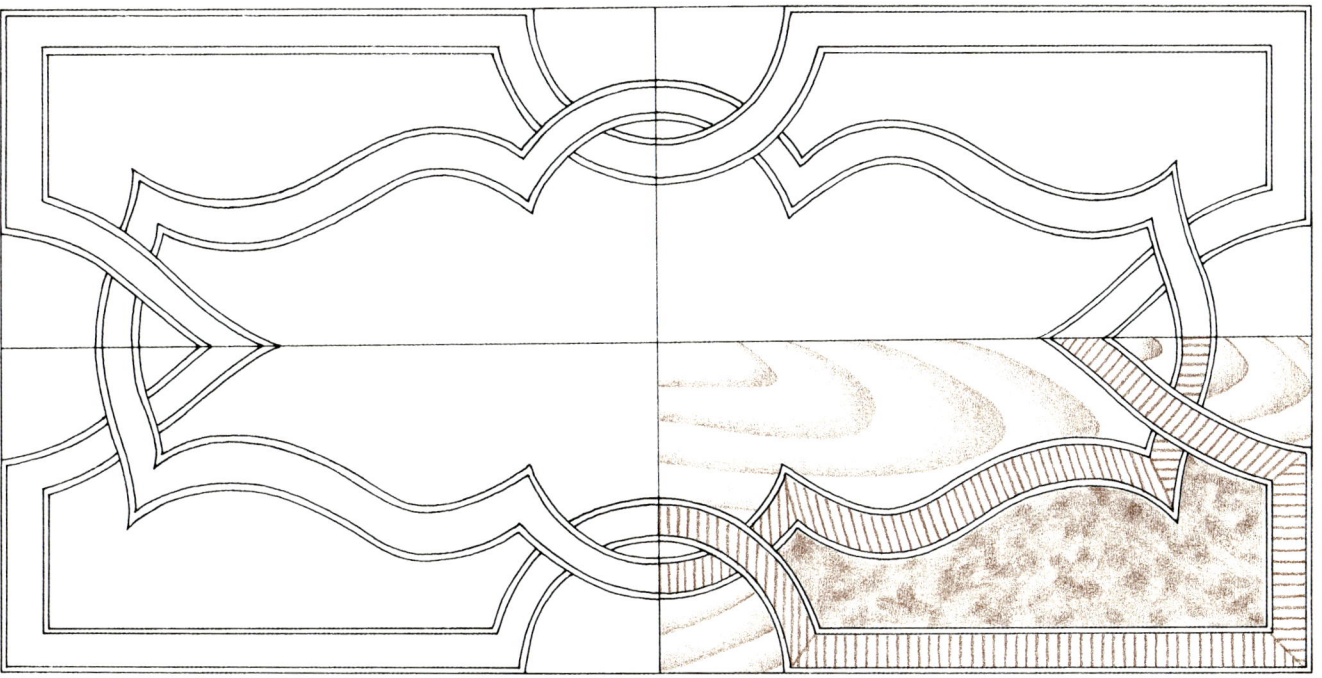

Bandelwerk mit Adern

Weitere Werkzeuge zum Furnierschneiden und Vorrichtungen zur rationellen Fertigung

1. *Schnitzeisen* können zum Ausstanzen von Furnieren verwendet werden. Bei der Messertechnik gibt es oft Rundungen, die mit dem Furniermesser nur sehr schwer zu schneiden sind, aber mit Hohleisen leicht zugeschnitten werden können.

2. *Lochstanzen* gibt es in mehreren Größen für Kreise. Zum Ausbessern von Fehlstellen im Furnier gibt es Lochstanzen in gezackter Form.

3. *Adern- und Streifenschneider.* Im Handel sind mehrere Formen erhältlich, man kann sich aber auch leicht selbst ein solches Werkzeug herstellen. Abb. 10 auf Seite 41 zeigt einen Adernschneider mit Griff. Mit diesem wird mit einem Lineal als Anschlag geschnitten. Abb. 4 auf Seite 43 zeigt einen anderen Adernschneider. Dieser wird mit beiden Händen geführt und eignet sich sehr gut für geschweifte Formen.

Bei Möbelstücken mit geschweiften Kanten oder runden Tischplatten verläuft manchmal parallel zur Kante eine Ader. Diese läßt sich auf rationelle Weise folgendermaßen herstellen: Das Mittelfeld wird zusammengestellt, zum Beispiel für eine runde Tischplatte aus 8 oder 12 Furnierblättern, und auf die fertiggeschweifte Platte aufgenagelt oder mit Furniernadeln angeheftet. Der Adernschneider wird an die Plattenkante mit dem Anschlag angehalten und entlang der Schweifung geführt. Auch eine Facette wird auf die gleiche Weise zugeschnitten. Läuft das Mittelfurnier bis zur Kante, wird mit zwei Messern die Adernbreite herausgeschnitten. Eine rationelle und wirkungsvolle Einlage ist ein Band mit querlaufender Faserrichtung und zwei eingelegten Ahornadern, wie wir es vom Bandelwerk her kennen. Ist die Schweifung nicht zu stark, kann das Band mit den Adern gerade zuge-

schnitten, mit der Facette an das Mittelfurnier gedrückt und mit Klebestreifen angeheftet werden.

4. *Furnierzuschneidlehren.* Es gibt viele Möglichkeiten, sich die Arbeit zu erleichtern und zu rationalisieren. Bei mehreren gleichgroßen Teilen ist es angebracht, eine Lehre herzustellen. Nur wenn alle Teile unterschiedlich groß sind, zum Beispiel ein Fliesenboden mit Schachbrettmuster in der Perspektive, muß jedes Teil einzeln nach Zeichnung angefertigt werden. Es ist daher bei der Auswahl eines Musters zu bedenken, ob dieses rationell zugeschnitten werden kann, wenn man nicht zeitaufwendig arbeiten will.

Als Beispiel für innovatives Denken bei der Anfertigung von Lehren zum rationelleren Arbeiten möchte ich die Erfindung einer Rautenschneidlehre für das Würfelmuster von einem Mitarbeiter meiner Kunsttischlerei vorstellen. Die auf Seite 43 abgebildete Lehre ist ein Brett, auf dem zwei Leisten angebracht sind. Zwischen diese Leisten wird nun ein Furnierstreifen von 2 cm Breite gelegt. Ein zu diesen Leisten im Winkel von 60° stehendes Brettchen hat einen Schlitz, durch den der Furnierstreifen durchgeschoben wird bis zu einem Anschlag, der 2 cm entfernt vom Brettchen ist. Mit der Furniersäge schneidet man nun entlang des Brettchens die Rauten zu. Da sich die Furniersäge mit der Zeit tief ins untere Brett eingräbt, ist an dieser Stelle ein austauschbares Holzstück eingelassen.

Zuschneiden von Adern bei maschineller Ausrüstung

Adern jeder Art können auch auf der Kreissäge zugeschnitten werden. Der Furnierbund wird mit zwei Platten zusammengenagelt und die Adern zugeschnitten. Der Verlust durch die Nagellöcher muß in Kauf genommen werden. Adern für Einlegearbeiten mit starken Furnieren werden hergestellt, indem man Massivholz zu Blöcken mit dem gewünschten Muster verleimt und danach die Adern in der gewünschten Stärke mit der Kreissäge abtrennt.

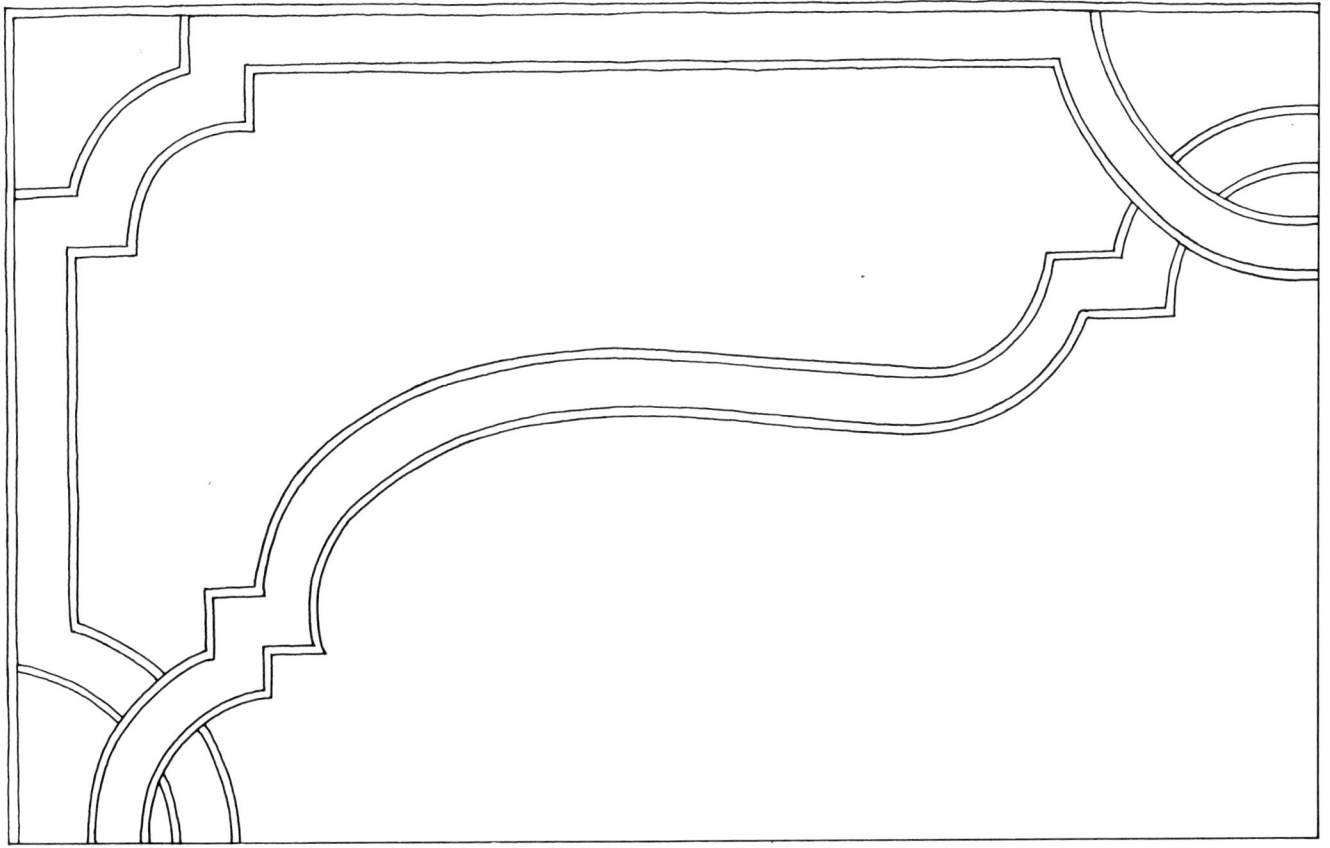

Viertelzeichnung eines Bandelwerks mit Adern. Es gibt hiervon zahlreiche Varianten, die sich ohne weiteres auf das gewünschte Maß bringen lassen.

Brennen

Nicht aufwendig, aber sehr wirkungsvoll ist die Technik des Brennens. Durch Ankohlen heller Furniere werden Effekte hergestellt, wie sie durch Licht und Schatten entstehen. Die flächig gestaltete Einlegearbeit bekommt dadurch eine stark plastische Wirkung. Besonders beim Doppelblattverfahren hat man ja weniger Farben zur Auswahl, und durch das Brennen gewinnt man Farbtöne dazu. Es kann durch Brennen mit nur zwei Furniersorten oft mehr Wirkung erzielt werden, als ohne Brennen mit mehreren Sorten. Da die Übergänge der Farbtöne bei diesem Verfahren stufenlos sind, wirkt alles viel weicher und runder. Es beginnt beim Schwarz, geht in ein Braun über und endet beim Furnierfarbton. Voraussetzung ist natürlich, daß diese Effekte zum Motiv passen. Wem diese stark plastische Wirkung nicht zusagt, wer eine zurückhaltendere Plastizität will, wird die hell-dunkel Wirkung besser durch natürliche Furnierfarbtöne erreichen. Es lassen sich grundsätzlich alle Furniere brennen, aber sinnvollerweise wird man nur die hellen Furniere dazu verwenden. Ahorn eignet sich besonders gut. Brennen ist für alle Einlegetechniken geeignet, am besten aber für die Laubsägetechnik bei der Herstellung von Blattwerk (Beispiele auf Seiten 59, 87 und 101).

Zur Technik des Brennens. Sand wird erhitzt und das Furnierstück eingetaucht. Es ist kein besonderer Sand dazu notwendig, sondern ganz normaler Quarzsand. Sollte kein feiner zur Hand sein, läßt sich ein solcher mit einem Küchensieb leicht selbst herstellen. Die Hitze soll so eingestellt werden, daß man nicht zu lange auf das Ankohlen warten muß, jedoch soll das Furnier nicht augenblicklich anbrennen. Es darf kein Rauch aufsteigen. Die Furnierstücke sollen durch den Sand gezogen werden und dabei eine gleichmäßige Färbung erhalten. Zuerst macht man eine Probe mit einem Abfallstückchen. Kleinere Teile hält man mit einer Pinzette in den Sand. Außenrundungen lassen sich viel leichter brennen als Innenrundungen; dies sollte man schon im Entwurf berücksichtigen. Auch sollte man schon dort die Stellen, die man brennen will, einzeichnen, um einen Eindruck von der Gesamtwirkung zu gewinnen. Am schönsten sind weitläufige Übergänge vom Gebrannten zum normalen Farbton. Zuviel Hitze zerstört das Furnier – wenn es zu glühen beginnt, fehlt schon ein Stück. Bei zuwenig Brennen kann aber die Wirkung untergehen, da die Außenseite durch den Klebestreifen geschützt ist (wenn man, wie es notwendig ist, vor dem Schneiden das Furnier verklebt hat), und beim Schleifen wird die äußerste Schichte noch weggeschliffen. Daher muß nicht nur äußerlich, sondern durch die gesamte Materialstärke angekohlt werden.

Normalerweise darf das Furnier bei Einlegearbeiten nicht mit Wasser in Berührung kommen, da das Holz zu wachsen beginnt und aus der Form gerät. Nur beim Brennen ist es als Ausnahme erlaubt. Das Furnierblatt rollt sich durch den Wasserentzug zusammen. Ein trockenes Glattpressen würde das Furnier brechen. Daher taucht man nach dem Brennen das Furnierstück kurz ins Wasser und läßt es unter Druck zwischen Zeitungspapier, das das überschüssige Wasser entzieht, trocknen. Erst wenn es soweit getrocknet ist, daß es seine ursprüngliche Form wieder hat, kann man es einlegen.

Schale mit Früchten. Dieser Entwurf eignet sich für die Messertechnik und für das Laubsägedoppel-schnittverfahren. Die Tiefen werden gebrannt, dadurch wirken Schale und Früchte plastisch. Die Teile sind nicht zu klein und lassen sich daher leicht brennen.

Gravieren

Es gibt mehrere Gründe, Einlegearbeiten zu gravieren: erstens, wenn man mit dem Ergebnis nicht zufrieden ist und es verbessern will, zweitens, wenn die Motive zu großflächig sind und deshalb Unterteilungen notwendig werden, drittens, um eine kunstvolle Einlegearbeit noch kunstvoller zu gestalten.

1. Ist eine Einlegearbeit aufgeleimt und der Klebestreifen abgelöst und man sieht Dinge, die man gerne noch verändern will, so kann man durch Gravieren Flächen teilen, Linien verfeinern, Details einzeichnen, Akzente setzen.

2. Die nebenstehende Abbildung zeigt Vögel, die mit Ausnahme des rechts unten stehenden Motivs naiv gestaltet sind. Sie sind ganzflächig aus nur einem Furnier gestaltet und nur durch die Gravierung unterteilt. Diese Art von Motiven eignet sich sehr gut zum Intarsieren in Massivholz. Eine wenig zeitaufwendige Einlegearbeit, da immer nur die Umrisse geschnitten werden, während die Unterteilungen einfache Gravierungen sind.

3. Es gibt Einlegearbeiten, die sehr zart und kunstvoll gearbeitet und außerdem noch graviert sind. So wird etwa bei der Boulletechnik die kunstvolle Wirkung durch Gravieren erhöht (Seite 74).

Zur Technik des Gravierens. Das Furnier bzw. das jeweilige Material wird geritzt und die Fugen mit Kitt ausgefüllt. Ritzt man mit einem Furniermesser, so besteht die Gefahr, daß das Messer nicht in der gewünschten Linie schneidet, sondern durch die Faserrichtung abgelenkt wird. Deshalb hat sich bei Kurven das Gravieren mit Schnitzeisen (Hohleisen) besser bewährt. Die eingravierten Linien sollen nicht zu breit sein. Zarte Linien wirken besser, jedoch sollen sie tief genug sein, damit der Kitt Halt findet und die Gravierung nach dem Schleifen der Fläche noch sichtbar ist. Der Kitt wird meistens braun bis schwarz eingefärbt, es sind aber alle Farben möglich. Helle Furniere eignen sich am besten zum Gravieren. Die Abbildung auf Seite 95 zeigt ein Detail einer marketierten Sessellehne, die sich in meinem Besitz befindet. Der Hintergrund ist hell, das Motiv dunkel. Letzteres zeigt Spuren von Bemalung: Linien, die mit weißer Farbe gezogen sind. Ich glaube, daß dieser Sessel ein Gegenstück hatte, nämlich das Positiv eines Doppelblattverfahrens, mit einem dunklen Hintergrund, auf dem das Motiv hell und diesmal graviert stand. Ich möchte damit zeigen, daß nicht alles eine echte Gravierung ist, was auf alten Möbeln als solche erscheint. Mitunter nämlich wurden Gravierungen mit schwarzer Tusche nachgeahmt.

Vogelpaar, gestürzt und Vogel auf Aststück, Motive von einem Schrank aus der ersten Hälfte des 18. Jahrhunderts. Links: Vogel mit Blume, Motiv von einer Schrankfüllung, gegen Ende des 18. Jahrhunderts. Rechts unten: Motiv für Stickerei aus einem Vorlagenheft (zweite Hälfte des 19. Jahrhunderts). Dieses Vogelmotiv läßt sich durch Gravieren gestalten, kann aber auch bei genügender Größe in Messertechnik mit mehreren Furnieren gestaltet werden.

Die Verarbeitung von starken Furnieren

Die Arbeitsanleitungen in diesem Buch beziehen sich größtenteils auf die Verarbeitung von dünnen Messerfurnieren. Es lassen sich aber im Grunde genommen alle Einlegearbeiten auch mit starken Furnieren ausführen. Nur wird man dabei mit dem Furniermesser und der Furniersäge nicht weit kommen; es ist einfach zu schwer und mühsam, starke Furniere damit zu schneiden. Die Verarbeitung von Starkschnittfurnieren ist daher in der Regel eine Tischlerarbeit. Für Restaurierungen genügt aber die Laubsäge, denn mit diesem Werkzeug lassen sich starke Furniere tadellos zuschneiden. Es erfordert ja sogar eine Mindeststärke des Furniers.

Die Verarbeitung starker Furniere ist also weitaus schwieriger als die Arbeit mit den handelsüblichen Messerfurnieren, und trotzdem gibt es mitunter Gründe, starke Furniere zu wählen. So müssen für alle Restaurierungen von antiken Möbeln starke Furniere verwendet werden, ebenso, wenn man antike Möbel kopieren will. Vielleicht will man auch unbedingt den Charakter des starken Furniers erreichen, denn es macht für ein geübtes Auge schon einen Unterschied, welches Furnier genommen wurde. Starkes Furnier hat in der Regel eine leicht unebene Oberfläche, denn da das Holz wegen der größeren Materialstärke mehr arbeitet, steht es besonders an Rändern und Fugen leicht auf. Wer also den Eindruck von mehr Holzkörper und Leben in Form von Bewegung will, wird zu starken Furnieren greifen. Das Problem ist aber, daß das Furnierangebot an starken Furnieren sehr gering ist. Man schneidet sich diese Furniere also selbst zu, es können daher auch kleinere Stücke, etwa von Obstbäumen, mit einer sehr schönen Zeichnung genommen werden. Für Restaurierungen nimmt man vorteilhafter altes Holz, da der Farbton besser zum antiken Möbel paßt. Möbel, die nicht mehr zu retten sind und einen massiven Nuß- oder Kirschbaumkorpus haben, können dafür verwendet werden.

Der Unterschied zwischen Marketerie und Intarsie bei alten Möbeln

Ob bei einem Möbelstück die Einlegearbeit zuerst zusammengesetzt und dann als Gesamtes aufgeleimt wurde (marketiert) oder ob der massive Möbelkorpus ausgegründet und die Motive oder Bandeinlagen eingelegt wurden, erkennt man am Hintergrund. Ist die Zeichnung des Hintergrundes durchgehend, so handelt es sich meist um einen massiven Korpus. Ist die Faserrichtung nicht durchgehend, sondern besteht sie aus Mittelfeld und Facette, so ist es eine Marketerie. Das nebenseitige Farbfoto zeigt dazu die Gegenüberstellung zweier Schubladen von Kommoden aus dem späten 18. Jahrhundert.

Zur Technik des Intarsierens von starken Furnieren in Massivholz

Das Motiv wird mit der Laubsäge zugeschnitten, auf den Grund aufgelegt und angezeichnet. Ideal zum Ausgründen ist eine Oberfräse, ansonsten wird mit Stemm- und Schnitzeisen soviel herausgenommen, daß die Einlage noch ein bißchen vorsteht und nach dem Einleimen eben gehobelt werden kann. Bandeinlagen werden hergestellt, indem man Massivholz zu Blöcken verleimt – die Faserrichtung läuft dabei je nach Wunsch längs oder quer – und helle Holzbrettchen in Stärke der Adern unten und oben dazuleimt. Danach kann mit der Kreissäge das Band mit Adern in der gewünschten Stärke abgetrennt werden, schließlich erfolgt die Einleimung in das Massivholz.

Gegenüberstellung einer marketierten Lade (oben) zu einer Lade mit Intarsien (unten). Letztere hat ein massives Kirschholzbrett als Vorderstück; dieses wurde ausgegründet und mit eingelegten Bandeinlagen (ca. 3 mm stark) verziert. Die zweite hat ein Vorderstück aus Fichte. Auf dieses wurde die Marketerie aus Sägeschnittfurnieren, Mittelstücke und Facette aus Nuß, Ader aus Ahorn, aufgeleimt.

Die einfachste Form des geometrischen Musters ist das zweidimensionale (oben). Daraus entwickelt sich das dreidimensionale Muster (unten). Etwas schwieriger ist die links in Farbe gezeigte perspektivische Form des gleichen Grundmotivs. Gearbeitet wurde mit Furniersäge und Furniermesser; teilweise gebrannt; Himmel aus Erle und Rosenholz, Landschaft aus Nuß, Birne und Ahorn.

Die Boulletechnik

André-Charles Boulle (1642–1732) war ein berühmter französischer Kunsttischler, galt als das größte Talent in Paris und war nebenbei auch Maler, Architekt, Mosaikleger, Bronzebildhauer und Monogrammkünstler. 1672 wurde Boulle zum »ebeniste du roi« (Ebenist des Königs) ernannt und hat so zahlreiche Möbelstücke für Versailles angefertigt. Ein großer Teil seiner Arbeiten wurde zerstört. Es sind nur mehr wenige, nachweislich von ihm gefertigte Stücke erhalten. Trotzdem ist nach ihm eine Marketerietechnik benannt, die seit dem 16. Jahrhundert, von Italien ausgehend, angewandt wurde. Boulles Arbeiten sind aber nicht wegen der ins Auge stechenden Marketerietechnik so geschätzt, sondern wegen ihrer Gesamtgestaltung, die aus dem schön proportionierten Korpus, der feingliedrigen Marketerie und manchmal auch noch aus Goldbronze-Appliken bestand.

Die Boullemarketerie ist eine Technik, die den Möbelkorpus nicht nur mit Holz furniert, sondern metallische und tierische Werkstoffe verwendet, wobei die häufigste und bekannteste Kombination Messingblech mit Schildpatt ist. Sie ist eine wichtige Strömung in der Geschichte des Möbels, die zur Zeit Boulles ihren Höhepunkt hatte, aber bis zum Ende des 19. Jahrhunderts anhielt. Es wurden bis dahin in der Boulletechnik Möbel sowohl neu angefertigt als auch häufig repariert, da diese Art der Marketerie wenig haltbar ist. Sie ist nämlich im Grund eine sehr unnatürliche Technik, da eine Verbindung zwischen Metall und Holz nicht werkstoffgerecht ist. Denn der Untergrund aus Holz ist Feuchtigkeitsschwankungen ausgesetzt und arbeitet, die Metallteile können die Bewegungen nicht mitmachen und lösen sich daher leicht ab. Wenn ich also hier über die Boulletechnik schreibe, so nicht, um eine Anleitung zur Herstellung zu geben, sondern um die Anfertigung zu erklären und zu entzaubern. Heute ist sie ein Anachronismus, außer bei einer Restaurierung. Es genügt zu wissen, wie man etwas herstellt, um den oft gehörten Spruch »So etwas kann man heutzutage nicht mehr« zu entkräften.

Die Boullemarketerie ist eine Laubsägetechnik, und zwar ein Doppelblattverfahren. Man kann schräg schneiden, um Fugen zu vermeiden, aber wirtschaftlicher und auch von Boulle angewandt ist der gerade Schnitt und die Verwendung des Negativs. Damit das Negativ nicht zweitrangig ist, wurde schon im Entwurf darauf geachtet, daß der Hintergrund auch als Vordergrund attraktiv ist. Als Beispiel nebenstehende Zeichnung: helles Messing in den dunklen Schildpattgrund eingelegt, auch »Partie«, »Premier effet« oder »Boulle« genannt, hat als Negativ das dunkle Schildpatt im hellen Messinggrund, auch »Contre partie«, »Deuxième effet« oder »Contre boulle« genannt. Damit sich diese gegensätzliche Wirkung aufhebt, ist rechts außen das Blattgehänge so gestaltet, daß es bei »Contre boulle«, wenn es graviert ist, den »Boulle«-Effekt hat.

Und somit bin ich bei den Gravierungen, die die Boulletechnik erst wirklich krönen. Hauptsächlich wurde das helle Messing, mitunter aber auch das Schildpatt graviert. Um die Raffinesse dieser Entwürfe zu erkennen, betrachten Sie nochmals in nebenstehender Zeichnung den Vogel, den Sie sich graviert vorstellen müssen, und der nun beim Negativ aus dunklem Schildpatt nur als Silhouette erscheint. Dafür übernehmen einige Teile, nicht nur das rechte Blattgehänge, den hervortretenden Effekt, mit Gravierungen in ihrer Zartheit noch erhöht. Natürlich kann man diese Effekte auch mit einem dunklen und einem hellen Furnier erreichen.

Entwurf einer Schublade (Hälfte) in Boulletechnik.

Die Verarbeitung anderer Werkstoffe

Möbel werden heutzutage meist mit nur einer Furniersorte furniert. Einlegearbeiten, also die Verwendung mehrerer Holzsorten an einem Möbelstück, haben nur noch untergeordnete Bedeutung. Fast ganz verschwunden ist aber die Verwendung anderer Werkstoffe in Verbindung mit Holz. Diese hatten in früheren Zeiten oft große Bedeutung: Die ersten Einlegearbeiten waren aus Elfenbein.

Es gibt mehrere Ursachen für diese Entwicklung. Ein Grund bei den von Tieren gewonnenen Werkstoffen ist, daß die Rohstofflieferanten vielfach vom Aussterben bedroht sind. Ein anderer Grund ist, daß Einlegearbeiten aus anderen Materialien eine sehr hervortretende, leuchtende und manchmal auch überladene Wirkung haben, die unserem Zeitgeist nicht entspricht. In anderen Epochen, etwa im Barock, war es gerade diese Wirkung, die erwünscht war, und so kamen diese Einlegetechniken zur Blüte. Außerdem handelt es sich durchwegs um Werkstoffe, die härter als Holz sind. Daher ist die Anfertigung einer solchen Einlegearbeit schwieriger, arbeitsaufwendiger und entsprechend kostspieliger.

Demgegenüber steht der Werkstoff Holz, den es noch in genügender Menge gibt, der bei richtiger Anwendung eine edle, zurückhaltende Wirkung hat und dessen Bearbeitung leicht durchzuführen ist. Trotzdem kann es Gründe geben, auch heutzutage andere Werkstoffe zu verwenden. Wenn man in eine Einlegarbeit aus Holz einen einzelnen anderen Werkstoff einsetzt, wird er immer wie ein Fremdkörper wirken und hervorstechen. Er ist deshalb mit Bedacht und nur dort einzusetzen, wo man eine solche Akzentuierung will. Eine Gravierung, die die herausleuchtende Fläche bricht, ist jedenfalls zu empfehlen. Man wird so vorgehen, daß zuerst furniert wird und erst dann die Teile aus anderen Materialien eingesetzt (intarsiert) werden, wobei der Preßdruck nicht zu stark sein darf, da diese Materialien trotz ihrer Härte meist recht empfindlich sind.

Pietra dura. Steinintarsien werden ähnlich wie Einlegearbeiten aus Holz angefertigt. Die Steine werden in dünne Blättchen geschnitten und die Formen ausgesägt. Als Laubsägeblatt dient dabei ein mit Schmirgel präparierter Draht.

Metalle. Kupfer, Messing und Silber erhält man im Handel in dünnen Platten. Für die Metallbearbeitung gibt es eigene Laubsägeblätter, die sich auch für Elfenbein und Perlmutt eignen. Zinn dagegen ist sehr weich und läßt sich nicht gut sägen, daher werden Zinneinlagen auch eingegossen. Das Aufkleben von metallischen Werkstoffen ist nicht mehr so problematisch wie früher, denn es sind genügend geeignete Kleber auf dem Markt. Es empfiehlt sich trotzdem, die Unterseite aufzurauhen, um eine bessere Verbindung zu gewährleisten.

Elfenbein, in unbearbeitetem Zustand auch »Bein« genannt, stammt von Stoßzähnen der Elefanten oder von den Zähnen anderer Großtiere wie Flußpferd, Walroß oder Narwal. Es ist hart, läßt sich aber gut bearbeiten. Es gibt das natürliche Elfenbein, das von frisch erlegten Tieren stammt, und das fossile Elfenbein, das von Relikten urzeitlicher Tiere gewonnen wird. Elfenbein, Perlmutt, Schildpatt und Horn haben Wachstumsschichten und somit eine Faserrichtung wie Holz.

Perlmutter nennt man die farbig schillernde Innenschicht vieler Schnecken- und Muschelschalen. Damit die Wirkung sich voll entfalten kann, müssen die einzelnen Stücke vor dem Zuschneiden mit der Laubsäge so gedreht werden, bis ihr Schimmer in der gewünschten Richtung fällt. Erst dann zeichnet man das Motiv auf.

Schildpatt. Platten des Rückenschildes von Seeschildkröten. Im 17. und 18. Jahrhundert wurde das Schildpatt der Karettschildkröte (Karette) und im 19. Jahrhundert das der echten Schild-

kröte (echtes Schildpatt) verwendet. Um Schildpatt mit der Laubsäge besser zuschneiden zu können, leimt man es auf Sperrholz auf.

Horn (Rinderhorn) ist dem Schildpatt ähnlich und wurde wie Schildpatt gefärbt oder mit farbigem Papier unterlegt, um die Wirkung zu erhöhen.

Alte und seltene Techniken

Das Schultermesser (Abb. 6, Seite 43) ist ein Furniermesser mit einem langen Griff, der auf die Schulter aufgelegt wird. Es besitzt durch die Hebelwirkung mehr Schneidekraft. Im Handel ist dieses Werkzeug nicht erhältlich, es läßt sich aber leicht selbst anfertigen. Aus alten Abbildungen von Tischlerwerkzeug kaum wegzudenken, ist es heute fast unbekannt.

Der Sägebock. Bis zum Ende des 18. Jahrhunderts war es üblich, bei Laubsägearbeiten nicht vor einem Tisch, sondern auf einer Bank zu sitzen, die einen Mechanismus zum Festhalten des Furnierpaketes hatte. Die Laubsäge wurde waagrecht geführt.

Der Schrägschnitt. Der Sägebock eignete sich, bei einiger Übung, gut zum Schrägschneiden beim Doppelblattverfahren. Der Vorteil ist, daß keine Schnittfugen sichtbar sind, der Nachteil, daß das Negativ nicht verwendet werden kann.

Die Reliefintarsie ist ein geschnitztes Relief, dessen Einzelpartien aus verschiedenen Hölzern zusammengesetzt sind.

Scagliola ist eine Masse aus gemahlenem Marmor, Gips, Leim und Wasser, mit Pigmentfarben eingefärbt, die die Pietra-dura-Technik vortäuscht. In der Barockarchitektur fand sie auch als Stuckmarmor Verwendung.

Metalleinlagen. Das Massivholz wird ausgegründet, und es werden Linienornamente (Metallstreifen), Punkte (Draht) oder Kreise (Metallrohr) eingeleimt. Auch eine aus Drähten gewundene Kordel kann dazu verwendet werden, die vorstehen muß und nach dem Einleimen nivelliert wird.

Tauschierung nennt man die Technik, in Metall andere, meist edlere Metalle einzulegen.

Eingießen. Die im Holz ausgegründeten Teile können auch mit schmelzbaren oder erhärtenden Materialien ausgefüllt werden (Zinn, Amalgam, Lacke).

Fußböden. Für Fußböden mit Einlegearbeit ist es vorteilhafter, anstatt Starkschnittfurnieren Brettchen von 8–10 mm Stärke zu verwenden, die auf eine Rahmen- und Füllungstafel aufgeleimt werden. Bei diesen Holzstärken ist das Arbeiten mit einer Laubsäge nicht mehr möglich. Man braucht dazu eine Dekupier- oder Bandsäge.

Naive Darstellung »Reiter mit Hund«. Derartige Bilder waren oft Dekorationen eines Möbelstückes. Dieses Beispiel stammt von einer ovalen Tischplatte und war von Blattwerk umrahmt.

Die Arbeitsgänge

Anwendung

In der Geschichte der Einlegearbeiten waren diese immer Teil eines Möbels oder einer Innenausstattung, nie ein Tafelbild, also angewandte Kusnt. Heutzutage muß eine Einlegearbeit nicht unbedingt Teil eines Möbels sein, sie kann ebenso als selbständiges Bild angefertigt werden. Da man jedoch an ein Bild künstlerische Anforderungen stellt, ist es nicht jedermanns Sache, sich an solche anspruchsvollen Werke zu wagen. In der Regel möchte man Gegenstände des täglichen Lebens mit Einlegearbeiten verzieren. Da aber die Anfertigung von Möbelstücken viel höhere Anforderungen an das handwerklich Geschick und die maschinelle Ausrüstung stellt als die Anfertigung von Einlegearbeiten, wird der Laie in der Regel auf die im Handel angebotenen Rohlinge zurückgreifen oder sich der Dienste eines Tischlers versichern. Bei kleineren Gegenständen wie Kassetten, Dosen, Servierbrettern, Spielbrettern und so weiter kann man auch als Laie Arbeitsgänge bewältigen wie Aufleimen, Schleifen und die Oberflächenbehandlung, die einer Einlegearbeit ihre Schönheit verleiht.

Bevor wir mit einer Einlegearbeit für ein Möbelstück beginnen, sollte der Rohbau fertiggestellt sein oder der Rohling besorgt werden. Zumindest sollte eine Zeichnung im Maßstab 1:1 bestehen. Es können auch Rohlinge mit gewölbten Oberflächen, wie dies etwa bei Kassetten häufig der Fall ist, mit Einlegearbeiten verziert werden. Man muß sich aber in solchen Fällen eine Gegenschablone zum Pressen anfertigen – eine Arbeit, die den Hobbytischler meist vor beträchtliche Probleme stellt.

Will man an einem Möbelstück Furniere anbringen, so spricht man generell vom Furnieren, egal ob dieses Stück aus Vollholz oder Platten besteht. Man hat dabei die Möglichkeiten des einfachen Furnierens, bei dem Massivholz mit Edelfurnieren vorgetäuscht wird, um teueres Edelholz zu sparen und eine einfachere Bauart zu ermöglichen; oder des dekorativen Furnierens, bei dem von einfachen Furnierzusammensetzungen bis zur komplizierten Einlegearbeit jede Art der Dekoration möglich ist. Die Größe der Werkstücke wird dabei nicht von der Furniergröße begrenzt, da die Furniere ohnehin zusammengesetzt werden, sondern von den technischen Möglichkeiten des Pressens beim Aufleimen. Dem Hobbytischler stehen meistens nur Schraubzwingen zur Verfügung. Sofern eine möglichst dicke Spanplatte in Größe der furnierten Fläche als Beilage verwendet wird, ist damit ein genügender Preßdruck (ca. 2 kg auf 1 cm²) ohne weiteres zu erreichen. Allerdings liegt die Armlänge der Schraubzwingen meistens nur bei 10 bis 15 cm, so daß die Breite der Furnier- bzw. Einlegearbeit auf nur 30, höchstens 40 cm beschränkt ist, sofern die zum Pressen verwendete Platte von beiden Seiten her eingespannt wird. Die mögliche Länge ist abhängig von der Zahl der vorhandenen Schraubzwingen, wobei der Abstand zwischen 10 und 15 cm liegen soll.

Das Furnieren von geschweiften oder bombierten Flächen

Bei geschweiften Flächen gibt es zwei Möglichkeiten:

1. Zunächst wird eine Schablone und eine Gegenschablone angefertigt. Ein Holzkern wird längst mit Einschnitten versehen, so daß er sich der Form anpassen kann. Auf diesen Holzkern wird beidseitig eine Sperrholz- oder Faserplatte in der Schablone aufgeleimt, so daß eine geschweifte Paneelplatte (Tischlerplatte) entsteht. Diese Schablone kann danach auch zum Aufpressen des Furniers verwendet werden.

2. Das Werkstück wird aus Massivholz in geschweifter Form herausgeschnitten. Die Einlegearbeit wird zunächst auf eine Sperrholzplatte aufgeleimt und diese dann erst auf die geschweifte Form aufgeleimt, wobei zum Pressen ebenfalls eine Schablone erforderlich ist.

Bombierte Flächen (nach zwei Richtungen geschweift) sind äußerst schwierig zu furnieren.

1. Die Furniere können entweder mit Glutinleim Stück für Stück aufgeleimt (mit dem Hammer aufgerieben) werden oder

2. als Gegenschablone dient ein Sandsack, mit dessen Hilfe die Einlegearbeit in Teilen aufgeleimt und angepreßt wird.

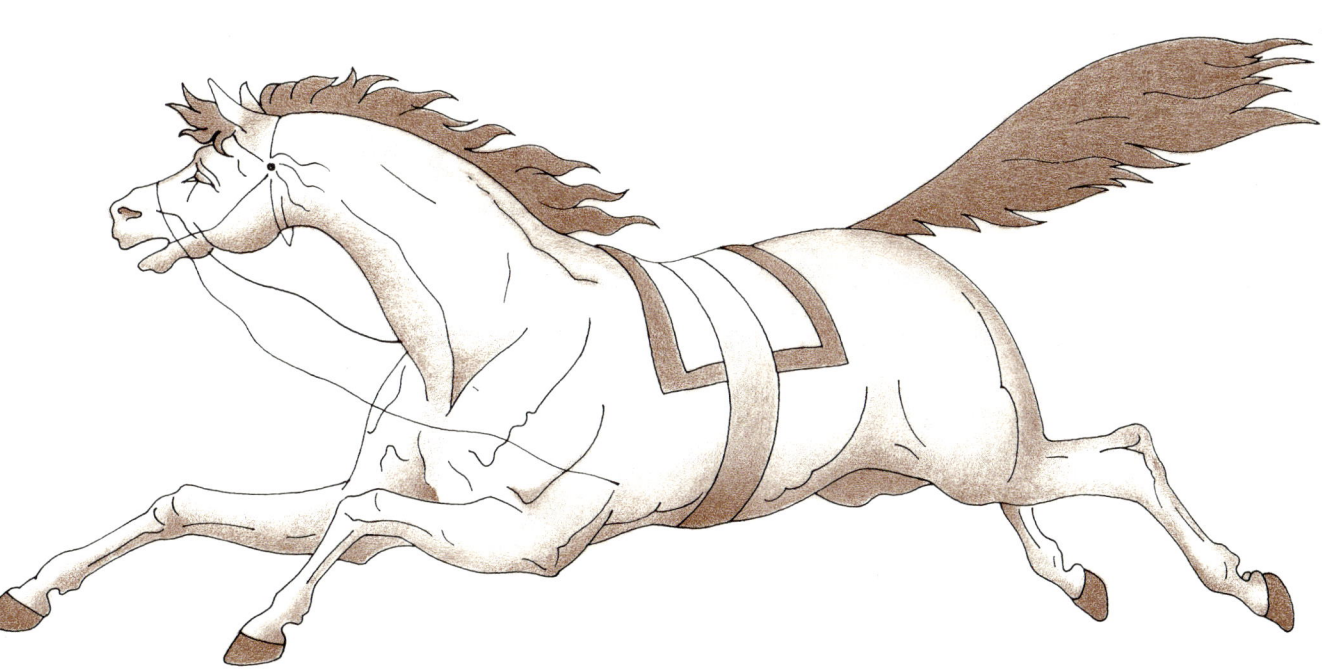

Motivwahl und Zeichnung

Für viele ist der Entwurf eines Motivs ein Problem, sie verwenden lieber eine vorgefertigte Zeichnung. Nur stimmen Maße und Proportionen einer Abbildung selten mit dem Werkstück, das man anfertigen will, überein. Daher muß man den Mut finden, die Anregungen, die man in Büchern oder wo auch immer findet, zu eigenen Entwürfen umzugestalten. Einem geübten Zeichner wird dies keine Schwierigkeiten bereiten, aber nur wenige können von sich behaupten, gute Zeichner zu sein. Zeichnen ist nicht jedermanns Sache, meist fehlt es am Mut und an der Übung, obwohl Talent oft genug vorhanden ist. Aber Sie brauchen gar kein guter Zeichner zu sein, sondern nur Motive sehen lernen, und dabei will ich Ihnen helfen. Hätten Sie gedacht, daß ein Fliesenboden ein Motiv für eine Einlegearbeit, daß ein Jugendstilornament der Ausgangspunkt für vielerlei Ornamente bilden kann? Oder daß Abbildungen von Gemälden berühmter Maler durch Abzeichnen der Umrisse Motive für Einlegearbeiten sein können? Solche Motive aus der Phantasie zu zeichnen, ist nur einem geübten Graphiker möglich, aber sie abzupausen und in die richtigen Größenverhältnisse zu bringen, sollten Sie sich ruhig zutrauen. Versuchen Sie, Ihre Umwelt nach geeigneten Vorlagen abzusuchen, und Sie werden überrascht sein, wie viele Motive und Ornamente auftauchen, man muß sie nur als solche erkennen. Nun will ich Ihnen an einem Beispiel die Umsetzung eines Motives in eine Zeichnung zeigen. Nehmen Sie dazu zum Beispiel eine Ansichtskarte ihres Heimatorts: Man paust die Umrisse mit einem Transparentpapier ab. Um

eine Größe zu haben, die wirkt und nicht zu kleinteilig ist, wird man diese Pause vier- bis sechsfach oder noch mehr vergrößern. Mit einem Kopiergerät läßt sich dies in Stufen durchführen, es gibt sicher eine Kopieranstalt oder ein Büro in Ihrer Nähe, wo dies kostengünstig möglich ist. Auf diese Kopie legt man nun wieder ein Transparentpapier und paust alle einfachen Linien ab. Alle schwierigen Linien, wie zum Beispiel Umrisse von Bäumen, werden entsprechend vereinfacht. Diese Zeichnung überträgt man nun mit Blaupapier auf ein normales oder, wenn Sie mit der Laubsäge arbeiten wollen, auf ein mit Furnier untergeklebtes Zeichenblatt. Mit Farbstiften werden die Farbe und Faserrichtung auf dieser Zeichnung angedeutet. Die Farbe muß aber keineswegs den wirklichen Farben entsprechen, es ist vielmehr auf die Helldunkel-Tönung zu achten, um eine Tiefenwirkung zu erzielen, beziehungsweise den Lichteinfall zu treffen.

In diesem Sinne sollten Sie auch die Abbildungen in diesem Buch verwenden. Pausen Sie die Motive ab, ergänzen Sie durch eigene Entwürfe oder kombinieren Sie mehrere Motive, ergänzen Sie eventuell mit einer Einrahmung. Die Größenverhältnisse bestimmen Sie durch Vergrößern bzw. Verkleinern der Pausen.

Für die Zeichnung benötigen Sie:

- Zeichenblätter
- Transparentpapier
- Kohlepapier
- Bleistifte in verschiedenen Härtegraden
- Farbstifte und eventuell eine Zeichenfeder mit Tusche.

Beispiele für eine erfolgreiche Motivsuche: Jugendstilornament, Fliesenboden, Kind als Detail aus einem Gemälde.

Auf der Vorderseite habe ich einen Fliesenboden mit Schachbrettmuster gezeigt, der sich gut als Motiv für Einlegearbeiten eignet. Er ist perspektivisch dargestellt, das heißt in Form einer ebenen Darstellung räumlicher Verhältnisse. Da ja Einlegearbeiten mit Ausnahme von Reliefintarsien ebene Darstellungen sind, und bei der Perspektive viele gerade Linien, die einfach zu schneiden sind, vorkommen, ist dies eine Art der Darstellung, die mit wenig Aufwand die Illusion räumlicher Tiefe erweckt. Geometrische Muster mit vielen geraden Linien sind mit Furniersäge und Lineal leicht anzufertigen, und wenn diese Muster perspektivisch dargestellt sind, haben sie oft eine verblüffende Wirkung, werden in der Anfertigung aber deshalb nicht schwieriger. Nur muß der Entwurf konstruiert werden, da die Verkleinerungen in der Tiefe nach geometrischen Gesetzen ablaufen. Diese besondere Eignung der Einlegearbeiten für perspektivische Darstellungen hatte in der Renaissance in Italien dazu geführt, daß die »Intarsiatori« genannten Intarsienschneider als Meister der Perspektive galten.

Eine Bestrebung der Renaissance war es, die Kunst auf ein mathematisches Fundament zu stellen, und dies führte bei geometrischen Einlegearbeiten zu einer Blüte. In Florenz entwickelten Filippo Brunelleschi und Leon Battista Alberti die Theorie der Zentralperspektive, einer Methode zur zweidimensionalen Darstellung der dreidimensionalen sichtbaren Welt. Florenz gilt auch als das Zentrum der Intarsienschneiderei, werden 1478 doch nicht weniger als 84 Werkstätten, die sich auf die Herstellung von Intarsien spezialisiert haben, aufgezählt. Aus der Zeit der Renaissance stammen auch die Ringe von Seite 25 und aus dem Umschlagbild, eine Kopfbedeckung aus Holz oder Weidengeflecht,

»Mazzocchio« genannt, die von wohlhabenden Männern getragen wurde. Als polygonaler Ring mit polygonalem Querschnitt stellte er hohe Anforderungen bei der perspektivischen Zeichnung und war ein sehr beliebtes Motiv für Einlegearbeiten, da er die Geometrie mit der bildlichen Darstellung verbindet.

Aber man muß nicht nur die Renaissance zitieren, auch die moderne Kunst gibt dieser Art der Darstellung breiten Raum. In den sechziger Jahren dieses Jahrhunderts beschäftigte sich eine ganze Kunstrichtung, die Op-art, mit geometrischen Themen. Eine moderne Darstellung ist das auf Seite 72 gezeigte Farbfoto, entwickelt aus einfachen geometrischen Mustern. Wie die Zeichnung dieser Einlegearbeit konstruiert wurde, zeigt die nebenstehende Abbildung.

Alle lotrechten Linien verlaufen bei der Perspektive parallel zueinander (eine Ausnahme bildet die Vogel- und Froschperspektive). Alle parallelen waagrechten Linien schneiden sich in ihrer Verlängerung in einem Punkt im Horizont. Es gibt mehrere Arten der perspektivischen Darstellung, auf die ich hier nicht näher eingehen will. Die nebenstehende Zeichnung ist in der Frontalperspektive (Zentralpunktperspektive) konstruiert. Auf dem Horizont wird der zentrale Fluchtpunkt angenommen und, von diesem rechts, der gewählte Abstand des Betrachters, der hier weit außerhalb der Zeichnung angenommen wurde. Die Grundlinie wird in gleiche Teile geteilt und die Punkte mit dem zentralen Fluchtpunkt verbunden und diagonal mit dem Diagonalfluchtpunkt, auch Augenpunkt oder früher Distanzpunkt genannt.

Die Schnittpunkte dieser Diagonalen mit den senkrechten Linien des Bildausschnittes legen die Abstände weiterer waagrechter Geraden fest. Auf diese Weise entsteht ein perspektivischer Bodenraster, der alle Linien der Zeichnung festlegt und der auch als Fliesenboden für Einlegearbeiten verwendet werden kann.

In der auf Seite 72 gezeigten Einlegearbeit, die nebenstehend schematisch gezeichnet ist, wurden die Linien zum Augenpunkt als Hauptlinien verwendet, während der Bodenraster nur als Konstruktionshilfe dient.

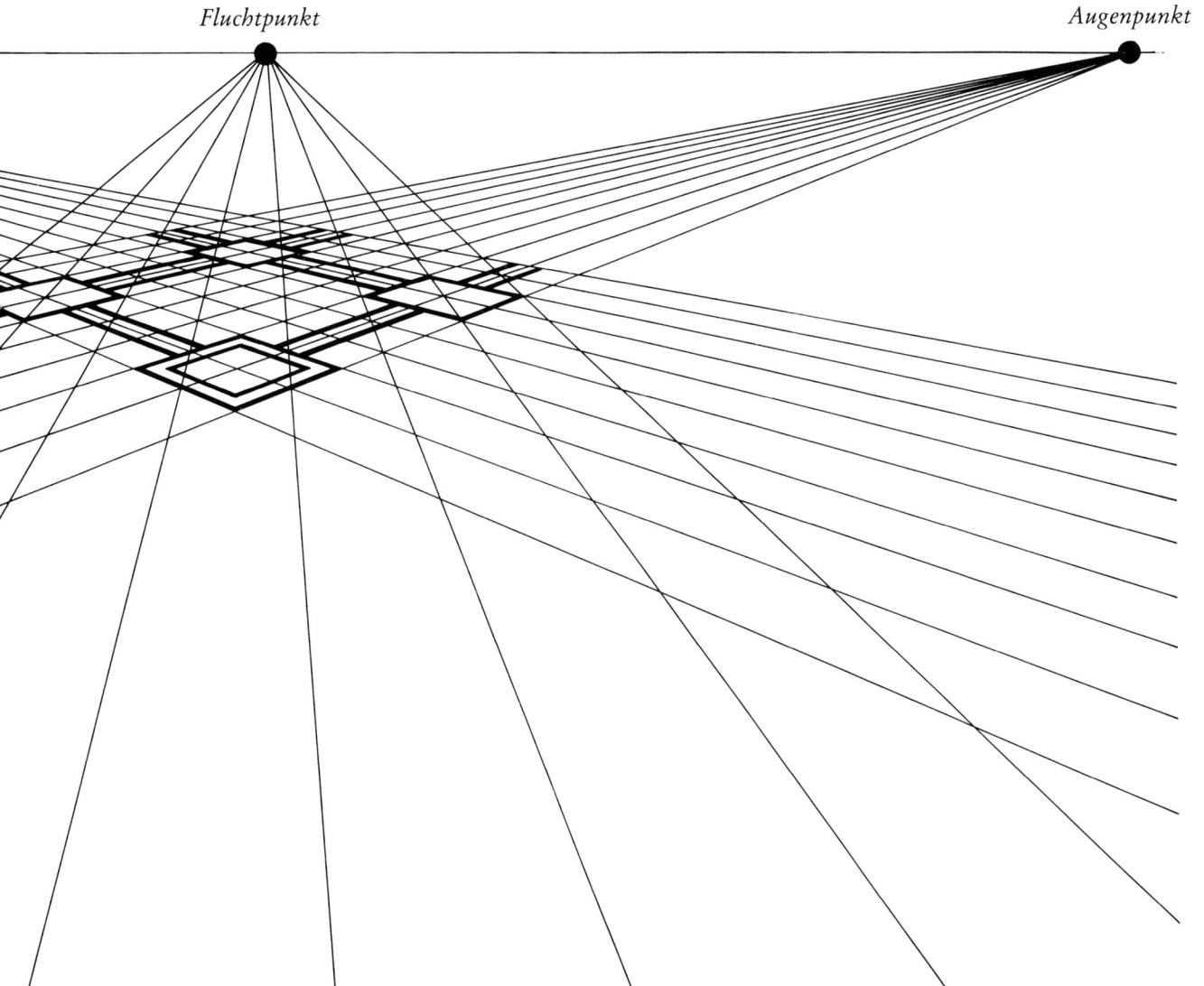

Fluchtpunkt

Augenpunkt

Der Fladerspiegel –
eine große Hilfe bei ornamentalen Entwürfen

Der Fladerspiegel besteht aus zwei Holzbrettchen, die im rechten Winkel zueinander stehen und an deren Innenseite Spiegel angebracht sind. Legt man nun ein Stück Furnier innerhalb des Winkels, so wird die Fladerung des Furniers durch Spiegelung vervierfacht, so daß das typische Bild, wie es bei einer Furnierzusammensetzung in Kreuzfuge entsteht, zu sehen ist. Da die Fladerung und der Winkel, in dem sie zueinander steht, für ein schönes Furnierbild ausschlaggebend ist, kann mit dem Fladerspiegel die Stelle ausgesucht werden, die die beste Wirkung ergibt. Daher der Name für dieses Gerät.

In der Praxis wird man den Fladerspiegel für diesen Zweck weniger einsetzen, da die Furniere mehr nach ökonomischen Gesichtspunkten zugeschnitten werden. Aber in diesem Instrument steckt noch mehr, es kann für ornamentale Entwürfe ein wahrer Zauberspiegel sein. Wenn man davon ausgeht, daß man bei der Laubsägetechnik nur ein Viertel der Gesamtzeichnung braucht, so erleichtert der Fladerspiegel den Entwurf ungemein, da es viel leichter ist, nur ein Viertel zu entwerfen, die Gesamtwirkung aber jederzeit im Fladerspiegel betrachtet werden kann. Es muß natürlich nicht immer ein Viertel sein, er kann auch für Verdoppelungen herangezogen werden.

Das Besondere am Fladerspiegel ist, daß er verschoben werden kann, wobei sich immer wieder neue Bilder ergeben. So kann von einem Ornament ausgehend eine Unzahl anderer Ornamente entworfen werden. Als Beispiel ist auf der nebenstehenden Abbildung der Entwurf eines ornamentalen Blattes zu sehen und verschiedene

symmetrische Zusammenstellungen ein und desselben Motivs. Diese Abbildungen sollen die vielen Möglichkeiten aufzeigen, ausgehend von einem kleinen Entwurf mit Hilfe des Fladerspiegels zu komplizierten Mustern zu finden. Grundsätzlich eignen sich alle Ornamente für dieses Verfahren. Besonders beim Bandel- und Laubwerk ist der Fladerspiegel zur Kontrolle des Viertelentwurfes sehr nützlich.

Das auf Seite 83 abgebildete Jugendstilmotiv kann mit Hilfe des Fladerspiegels zu ungeahnten Ornamenten zusammengestellt werden, die mit dem ursprünglichen Motiv nur noch den Stil gemeinsam haben, sonst aber völlig eigenständige Muster ergeben. Führen Sie den Fladerspiegel über die Zeichnung und staunen Sie über die vielen Muster, die sich daraus ergeben. Mit Hilfe des Fladerspiegels bietet Ihnen dieses Buch nicht nur die darin gezeigten Motive, sondern eine Unzahl mehr. Wer für die Motivsuche Hilfe braucht und sich einen Fladerspiegel baut, wird verstehen und sehen, warum einem so unscheinbaren Gerät eine eigene Seite in diesem Buch gewidmet ist.

Die Anfertigung
eines Fladerspiegels

Zwei Brettchen von ca. 10 cm Breite und ca. 30 cm Länge werden mittels einer Holzverbindung oder mit Schrauben zu einem rechten Winkel verbunden. Auf die Innenseiten wird Spiegelglas, dessen Kanten zuvor vom Glaser geschliffen wurden (wegen der Verletzungsgefahr), mit speziellen Klebetreifen angebracht.

Die Vorbereitung der Furniere

Der Furniereinkauf

Der Furnierhändler bietet die Furniere bundweise an, und nicht jeder ist bereit, kleinere Mengen abzugeben. Schöne Stämme sind manchmal überhaupt nur stammweise erhältlich. Bei kleinem Bedarf, wie es bei Einlegearbeiten der Fall ist, wird man sich an ein Bastlergeschäft oder an einen Möbeltischler wenden. Die Preise sind sehr unterschiedlich, das teuerste Furnier kann das dreißigfache und mehr des billigsten kosten. Für Einlegearbeiten braucht man selten lange Furniere und kann daher auf die preisgünstigere Kurzware oder auf Reste zurückgreifen.

Beim Einkauf ist die Qualität zu prüfen. Die Stärke der Furnierblätter darf im Bund nicht schwanken und soll von Bund zu Bund gleich sein. Wellige Furniere sollte man normalerweise meiden, da deren Verarbeitung problematisch ist und einiger Vorarbeiten bedarf. Da man aber besonders bei Maserfurnieren nicht immer eine so große Auswahl hat, daß man glatte Furniere wählen kann, wird man manchmal nicht umhin können, wellige Ware zu erstehen.

Am Bund sind folgende Daten ersichtlich:

die Stammnummer und die Bundnummer, dann die Blattanzahl im Bund, darunter Länge und Breite sowie die Menge in Quadratmetern.

Die Lagerung

Gut durchlüftete Keller eignen sich gut zur Lagerung von Furnieren. Sehr trockene, der Sonne ausgesetzte Räume soll man dagegen meiden, da die Furniere sonst zu sehr austrocknen und spröde werden.

Die Trocknung

Ein paar Tage vor der Verarbeitung sollten die Furniere in den Arbeitsraum gebracht werden, damit sie sich der dort herrschenden Luftfeuchtigkeit anpassen. Sonst nämlich kann man sehr ungute Überraschungen erleben, zum Beispiel, wenn man beim Bandelwerk die Furniere anheftet und dann feststellen muß, daß das Furnier sich zusammenzieht und am Nagel aufreißt. Oder daß sich die Abstände für die Adern während der Arbeit aufs Doppelte verbreitern. Ist der Arbeitstisch der Sonne ausgesetzt, so kann es zu den gleichen Vorkommnissen kommen, daher ist der Arbeitsplatz vor direkter Sonneneinstrahlung zu schützen.

Die Vorbereitung von welligen Furnieren

Wenn die Furniere vom Stamm gemessert werden, sind sie naß, da der Stamm vorher gedämpft wurde. Beim Trocknen im Furnierwerk können Spannungen auftreten, die zu Buckeln und Wellen führen. Um die Verarbeitung zu erleichtern, müssen Hölzer, die stark wellig sind, zunächst gestreckt werden. Man befeuchtet die Furniere, legt sie zwischen gut saugendes Zeitungspapier und preßt sie. Durch die Feuchtigkeit werden die Furniere elastisch, so daß keine Gefahr besteht, daß sie brechen oder reißen. Die Furniere müssen vollkommen durchgetrocknet werden, damit sie nach dem Aufleimen nicht arbeiten. Ungenügend getrocknete Furniere neigen nach der Verarbeitung zur Rißbildung. Daher muß man während der Trocknung das Papier mehrfach wechseln. Wenn die Furniere gut getrocknet sind, kann man sie mit Klebestreifen auf der Außenseite verkleben, also jedes zweite Blatt stürzen und nochmals pressen.

Blumenornamente im Stil des 18. Jahrhunderts mit Gravierungen, aber auch zum Brennen geeignet.

Das Beizen und Färben

Beizen

Das Beizen ist ein Vorgang, der eigentlich erst nach dem Aufleimen und Schleifen kommt. Da aber das Beizen mit dem Färben in engem Zusammenhang steht, soll dieser Abschnitt vorgezogen werden. Normalerweise werden Einlegearbeiten nicht gebeizt, da ja die Furnierfarbe in ihrer Natürlichkeit wirken soll. Es gibt jedoch Arbeiten, bei denen die Verwendung von Beizen unumgänglich ist. Bei Restaurierungen und bei Stilmöbeln etwa soll ein Farbton erzielt werden, wie er bei natürlicher Alterung entsteht. Da die Polituren meist eine leicht gelbliche Farbe hatten, muß bei einer Oberflächenbehandlung mit den modernen farblosen Lacken die Original-Tönung durch Beizen erzielt werden.

Bei den Beizen unterscheidet man Farbstoffbeizen und chemische Beizen. Farbstoffbeizen werden zum Teil in Wasser gelöst (Wasserbeizen), manche auch in Spiritus oder Nitroverdünnung (spirituslösliche Beizen). Letztere dienen hauptsächlich zum Einfärben der Politur oder des Lackes. Um den schönen gelblichen Ton, wie man ihn bei alten Möbeln findet, zu erreichen, beize ich mit einer orangefarbenen Wasserbeize. Sollen nur einzelne Teile bei Restaurierungen gebeizt werden, so kann man mit Politur oder Lack die angrenzenden Teile anstreichen, so daß die Wasserbeize nicht verrinnt. Es gibt auch eine gebrauchsfertige Farbstoffbeize unter dem Namen »Spiritolbeize«, die nicht so stark verrinnt wie eine Wasserbeize und daher bei Restaurierungen gut einzusetzen ist. Die Spiritolbeize kann auch gleichzeitig mit Wasserbeizen aufgetragen werden.

Es gibt viele Einsatzmöglichkeiten für Beizen, so wurde bei der Einlegearbeit auf Seite 72 der Horizont mit Lack begrenzt und der Vordergrund verlaufend gebeizt, um eine Schattenwirkung in der Tiefe zu erreichen.

Chemische Beizen färben durch chemische Reaktionen. So wirkt Kaliumbichromat, das man zum Abdunkeln verwendet, durch Oxydierung des im Holz enthaltenen Gerbstoffes.

Färben

Eigentlich steht eine so große Auswahl an natürlichen Farbtönen zur Verfügung, so daß Furniere in der Regel nicht künstlich gefärbt werden müssen. Gefärbtes Holz erweckt leicht den Eindruck des Unnatürlichen und Kitschigen. Es gibt jedoch Arbeiten, zu denen man einen Farbton braucht, den man unter den natürlichen nicht findet. Als Beispiel sei auf das Wappen von Seite 54 verwiesen. In der Heraldik haben die Farben eine symbolische Bedeutung und sollen daher mit den Angaben exakt übereinstimmen. Um den für unser Beispiel erforderlichen Blauton zu erreichen, wurde Ahornfurnier in einer spirituslöslichen Farbstoffbeize gekocht. Damit die Beizlösung nicht Feuer fängt, muß dem Spiritus genügend Wasser beigemengt werden. Die Zugabe von Salmiakgeist begünstigt das Eindringen in das Holz (die Herstellerangaben berücksichtigen).

Es gibt noch andere Wege, Furniere zu färben. Die Meister früherer Zeiten hatten alle ihre persönlichen Rezepturen mit Säuren und Tinkturen. So schreibt André Roubo in seinem Buch »L'Art du Menuisier, Partie III, Paris 1772«: »Blautöne erreicht man durch eine Behandlung mit Indigo und Vitriol, Schwärzungen durch Galläpfel und Kupfergrünspan, gelbliche Tönungen durch Einwirkung von Safran oder durch Einreiben mit Maismehl.«

Ein Verfahren, um Ahorn grau zu färben, besteht darin, das Furnier in ein Wasserbad zu legen, dem Eisenspäne beigemengt wurden. Eine Behandlung mit Kalk erzeugt bei Eiche einen schönen Braunton, wie ihn altes Eichenholz hat, färbt aber auch andere Hölzer.

Entfärben

Durch Unachtsamkeit kann es auf der Einlegearbeit zu Flecken durch oxydierende Eisenteile kommen. Diese können mit Oxalsäure entfernt werden (20–30 g auf 1 l Wasser). Gründlich mit Wasser nachspülen.

Das Aufleimen

Das Aufleimen der Furnierfläche ist der heikelste Vorgang bei der Entstehung einer Einlegearbeit. Diese Arbeit muß rasch ausgeführt werden, und es können Schwierigkeiten auftreten.

Die Vorbereitung der Trägerplatte

Die Flächen müssen sauber, fettfrei und trocken sein. Bei Verwendung von Massivholzkanten müssen diese vor dem Furnieren angeleimt werden, es sei denn, sie sollen sichtbar und Teil der Einlegearbeit sein.

Der Leimauftrag

Der Leimauftrag erfolgt mit einer Zahnspachtel oder bei größeren Flächen mit einer Leimwalze. Ist der Leim aufgetragen – immer auf die Platte, nie auf das Furnier – so muß innerhalb einer bestimmten Zeit das Furnier aufgelegt und gepreßt werden, sonst bildet sich auf der Leimschicht ein Film, der die Verbindung behindert. Diese Zeit wird offene Zeit genannt und ist von Sorte zu Sorte verschieden, es sind die Herstellerangaben zu beachten. Die Auftragsmenge ist Erfahrungssache, bei Einlegearbeiten kann etwas mehr Leim als beim einfachen Furnieren genommen werden, da oft stark saugende Furniere wie Hirnholzfurnier (die Faserrichtung ist winkelrecht zur Furnierfläche) verwendet werden.

Verrutschen der Furniere

Man kann die Trägerplatte erst nach dem Furnieren beschneiden – sicher der einfachste Weg. Wird aber zum Beispiel auf die Rückseite ein Furnier gegeben, das mit der Oberseite übereinstimmen soll (Schachbrett mit Mühle- oder Backgammonfeld), so muß auf beiden Seiten der Platte die Stellung des Motivs markiert werden. Am besten zeichnet man die Mittelachse. Dann werden die Furniere fixiert. Es gibt dazu Klammern, die an den Rändern angebracht werden können, oder man leimt Holzklötzchen aufs Furnier, die an der Plattenkante anliegen. Die schnellste Lösung ist das Festnageln mit kurzen Nägeln, wie sie auch bei der Laubsägetechnik verwendet werden (siehe Seite 58).

Der Preßdruck

Der Preßdruck ist für eine gute Verleimung ausschlaggebend. Für kleinere Flächen genügen Schraubzwingen, für größere Flächen braucht man eine Spindelpresse oder eine Presse mit hydraulischem Antrieb. Ideal ist eine Heizplattenpresse, da diese gute Verleimungen gewährleistet und Fehler, die durch unterschiedliche Furnierstärken entstehen können, noch ausgebessert werden können.

Bei der Verwendung von Schraubzwingen oder einer Spindelpresse ist für eine gute Kraftübertragung zu sorgen. Genügend starke Platten und Zulagen (Holzleisten) sind für eine gute Druckverteilung notwendig. Man beginnt mit dem Druck in der Mitte und dann erst am Rand und zieht die Zwingen oder Spindeln dann nochmals nach. Da der Hobbyhandwerker üblicherweise auf Schraubzwingen angewiesen ist, beschränken sich seine Möglichkeiten, wie bereits auf S. 80 ausgeführt wurde, auf kleinere Flächen. Dies ist jedoch kein Grund, auf ehrgeizige Projekte zu verzichten, denn sicherlich ist Ihr Tischler bereit, diesen Arbeitsgang fachgerecht für Sie auszuführen. Mitunter gehört das Aufleimen von Furnieren auch schon zur Serviceleistung größerer Holzhandlungen.

Der Arbeitsablauf beim Furnieren

Da die offene Zeit je nach Leim zwischen einer und dreißig Minuten liegt, ist dafür zu sorgen, daß alle notwendigen Teile und Werkzeuge griffbereit liegen. Lassen Sie daher die nun aufgezählte Abfolge vor Ihrem geistigen Auge Revue passieren, bevor Sie mit dem Leimauftrag beginnen:

Ist die Trägerplatte sauber? Haften an der aufzuleimenden Furnierseite noch irgendwelche Klebestreifen – eigentlich unmöglich, wenn man vorschriftsmäßig gearbeitet hat? Hat man an das Gegenfurnier gedacht, das aufgebracht werden muß, damit sich die Trägerplatte nicht verzieht?

Der Leimtopf und die Zahnspachtel müssen bereitliegen, ebenso Zeitungspapier, das ein Anleimen an die Platten verhindert oder Karton, der eventuelle Stärkenunterscheide ausgleicht (es können auch mehrfache Lagen von Zeitungspapier sein). Um die Einlegearbeit gegen Verrutschen zu sichern, braucht man Nagel, Hammer und Zange, für Schraubzwingen oder Spindelpressenverleimungen genügend Platten und Zulagen in geeigneter Größe.

Sollte trotzdem das Mißgeschick passieren, daß das Furnier Blasen, sogenannte Kürschner, wirft, so können diese mit einem Bügeleisen niedergedrückt werden. Sollte zu wenig Leim darunter sein, müssen die Kürschner aufgeschnitten und Leim eingebracht werden. Bei zu dickem Leimauftrag bilden sich Wülste, die auch aufgeschnitten werden müssen. Den überschüssigen Leim drückt man mit dem Bügeleisen heraus.

Stilisierter Löwe, für Laubsäge- und Messertechnik geeignet, evtl. mit Blattwerk zu erweitern, z. B. als Wappenlöwe wie auf dem Umschlag.

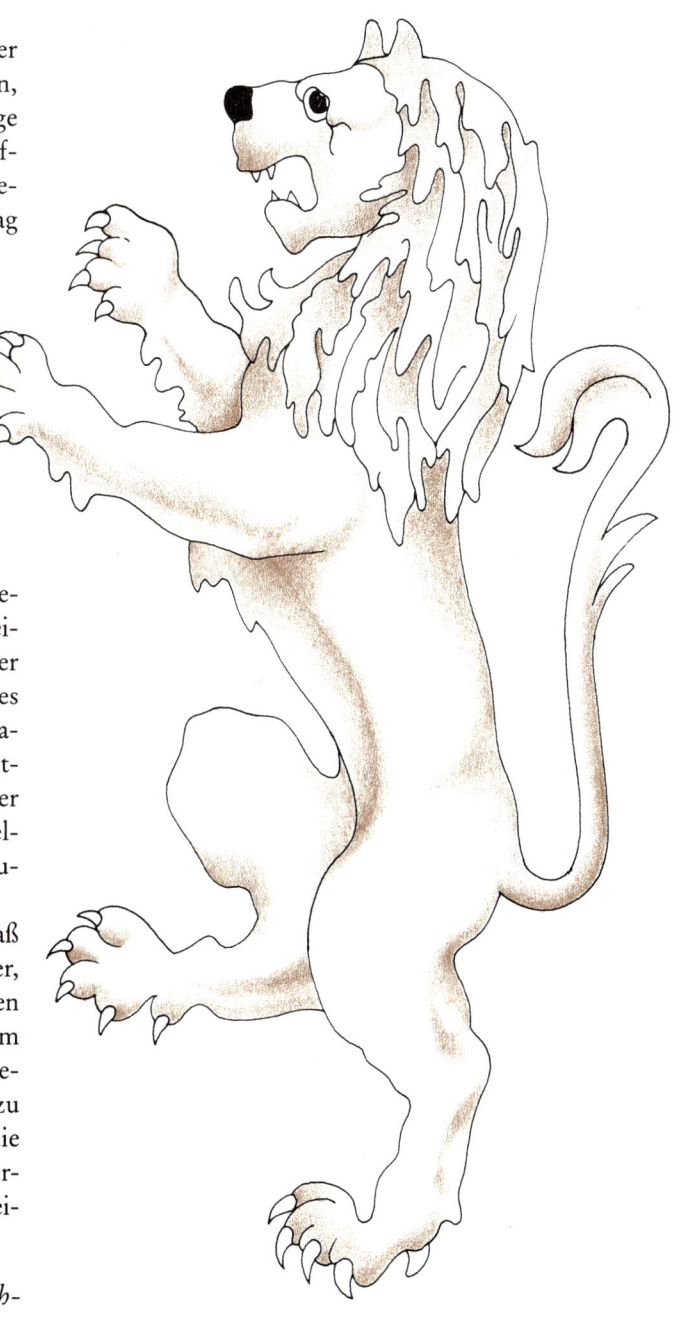

Das Schleifen

Das Ablösen des Klebestreifens geschieht durch Wasser, das die Leimverbindung löst. Dies muß innerhalb weniger Tage nach dem Furnieren geschehen, da sich die nicht abgedeckten Flächen durch Sonnenlicht verfärben können. Dieser Vorgang ist mit besonderer Sorgfalt auszuführen. Denn wenn der Klebestreifen zu wenig befeuchtet wird, können sich Holzfasern absplittern. Nur die Klebestreifen, nicht etwa die ganze Fläche, werden mittels eines Schwamms oder Tuches mit Wasser benetzt und mehrmals so lange eingerieben, bis mit einem Stemmeisen der Klebestreifen abgeschabt werden kann. Mit dem Stemmeisen nur schaben, nicht in die Schneidrichtung führen, da sonst das Werkzeug das Furnier beschädigen könnte. Man muß das Wasser eventuell etwas einwirken lassen und nochmals einreiben. Jedenfalls darf man mit dem Abschaben erst beginnen, wenn sich der Klebestreifen leicht löst.

Nachdem die Fläche getrocknet ist und eventuell aufgetretene Kürschner geleimt worden sind, kann mit dem Schleifen begonnen werden.

Wer keine stationäre Bandschleifmaschine hat, wird die Flächen von Hand schleifen. Die Verwendung von Handbandschleifern und Schwingschleifern kann ich nicht empfehlen. Dagegen kann eine gut geschärfte Ziehklinge auf einfache Weise gute Dienste leisten. Die Ziehklinge wird so gehalten, daß sie leicht gebogen ist. Der Grat der Ziehklinge schabt dann von der obersten Schicht des Furniers Verunreinigungen durch Leim und Klebestreifenreste weg.

Die auf der Rückseite der Schleifpapiere aufgedruckten Zahlen zeigen die Korngröße der Schleifkörner an. Dabei gibt es bei den Schleifpapiersorten gewisse Unterschiede, so daß man beim *Grobschleifen* auf der Bandschleifmaschine das Korn 100 benützt und beim Handschliff mit Korn 80 beginnen kann. Qualitativ bevorzuge man die Sorte »Finishing«, die sehr gut schleift und trotzdem keine tiefen Risse macht. Das Schleifpapier legt man über einen Klotz aus Holz, der mit Filz bespannt ist, oder über einen Schleifkorken bzw. einen Schleifklotz aus Gummi.

Man schleift in Faserrichtung der vorherrschenden Teile der Einlegearbeit, bis alles sauber geglättet ist und keine Verunreinigungen zu sehen sind. Das gefürchtete Durchschleifen (Wegschleifen des Furniers bis auf den Untergrund) wird beim Handschliff kaum auftreten, trotzdem muß man an den Rändern besonders achtgeben, daß der Schleifklotz nicht über die Kanten knickt. Bei der Verwendung von Schleifmaschinen wird man als Anfänger wohl Lehrgeld zahlen müssen, daher sollte man erst auf einfach furnierten Flächen üben.

Nach dem Grobschleifen wird die Fläche befeuchtet, dadurch stehen die Fasern auf, die beim Feinschleifen entfernt werden. Wenn die Fläche wieder getrocknet ist, kann man damit beginnen, Risse und Löcher mit *Holzkitt* zu füllen. Es gibt im Handel sehr leicht schleifbare Kitte, so daß eine Selbstanmischung zu umständlich ist, dagegen ist es bei Einlegearbeiten mit den vielen verschiedenen Farbtönen unerläßlich, den Kitt mit Erdfarben entsprechend den verwendeten Hölzern selbst einzufärben. Falls gewünscht, kann in diesem Stadium der Arbeit auch die Gravierung angebracht werden. Nach dem Trocknen des Kittes folgt der *Feinschliff*. Mit Schleifpapier der Körnung 150 (eventuell auch 120) werden der überschüssige Kitt, die groben Schleifrisse und die aufstehenden Fasern entfernt. Soll der Feinschliff noch feiner sein, kann nachträglich auch noch mit Korn 180 geschliffen werden. Es ist aber sinnlos, mit so feinem Korn zu schleifen, wenn der Grobschliff nicht gleichmäßig genug ist. Bei Lackierungen werden die Lack- oder Politurschichten mit Schleifpapieren bis zum Korn 400 zwischengeschliffen, sobald sie gut durchgetrocknet sind. Bei profilierten Kanten und Schnitzereien nimmt man dazu Stahlwolle in den Körnungen o und oo.

Die Oberflächenbehandlung

Die Oberflächenbehandlung hat die Aufgabe, das Furnier vor Feuchtigkeit, Verschmutzung und Abrieb zu schützen, die Struktur und die Farbe zur Geltung zu bringen. Erst durch eine Oberflächenbehandlung gewinnt die Einlegearbeit Leuchtkraft, erhält das furnierte Stück seinen Gebrauchswert.

Die Glanzstufe

Die Glanzstufe spielt dabei eine große Rolle, sie reicht von matt bis hochglänzend. Jeder Mensch hat diesbezüglich seinen eigenen Geschmack und wird schon bei der Motivwahl die Weichen für die Oberflächenbehandlung stellen. Einfache Motive mit wenig Farben werden einen eher matten Überzug erhalten, reiche Ornamente mit vielen Farben werden sich erst mit einem glänzenden Überzug voll entfalten, wobei ein gebrochener Glanz, Seidenglanz genannt, am nobelsten wirkt – auch für viele restaurierte und antiken Vorlagen nachempfundene Objekte.

Überzugsmaterialien

1. *Öle*
Trocknende, fette Öle: *Leinöl,* trocknet sehr langsam *Leinölfirnis,* trocknet etwas schneller Ätherisches (flüchtendes) Öl: *Terpentin,* zum Lösen und Verdünnen für Öle, Wachse und Harze

2. *Wachse*
Bienenwachs: tierisch, niedriger Schmelzpunkt
Karnaubawachs: pflanzlich, hoher Schmelzpunkt
Mineralische Wachse

3. *Naturharze*
lösen sich in Ölen und teilweise in Alkohol

Schellack, Mastix, Dammarharz, Kolophonium, Sandarack, Kopale usw.

4. *Kunstharze*
Kalthärtende oder säurehärtende Lacke
DD-Lacke
Polyesterlacke

5. *Nitrozellulose* (Verbindung von Zellulose mit Salpetersäure)
In Ester lösliche Nitrozellulose ist der Grundstoff für *Nitrozelluloselacke,* in Alkohol lösliche Nitrozellulose ist der Grundstoff für *Nitrozellulosepolituren und Nitrozellulosemattierungen.*

Die Gruppe 1 bis 3 hat den Vorteil, daß es biologische Überzugsmaterialien sind, den Nachteil, daß es nicht sehr widerstandsfähige Überzugsmaterialien sind. Ein guter Aufbau ist eine Grundierung mit Harz oder einer Harzmischung, in Öl gelöst, und ein Überzug mit einem Wachs oder einer Wachsmischung.
Die Gruppe 4 sind sehr widerstandsfähige Lacke. Wirklich schöne Flächen erhält man aber nur durch Auftrag mit der Spritzpistole und mehrfachen Zwischenschliff.
Zu 5. Nitrozelluloselacke können mit dem Pinsel aufgestrichen werden, da es schnelltrocknende Lacke sind.

Die im Handel angebotenen Polituren und Mattierungen können entweder nur aus Nitrozellulose bestehen oder Beimengungen von Naturharzen haben.
Da die Oberflächenbehandlung ein sehr weitreichendes Gebiet ist, habe ich hier nur eine Übersicht über die Überzugsmaterialien gegeben. Dem Hobbytischler sei geraten, nur handelsübliche Produkte zu verwenden und die Wirkung des gewählten Überzugsmaterials an einem Probestück zu testen.

Die Schellackpolitur

Die Vorteile der Schellackpolitur sind der elegante Glanz, der hauchdünne und trotzdem alle Poren schließende Überzug, dazu biologisches Material, nämlich ein Harz, das durch den Stich der Schildlaus im Jungtrieb ostindischer Bäume ausgeschieden wird und in Alkohol löslich ist. Nachteile sind die geringe Widerstandsfähigkeit gegen Feuchtigkeit und Alkohol, Neigung zum Vergilben, Sonnenlichtempfindlichkeit und die schwierige Verarbeitungsweise. Da die Schellackpolitur von den Kunstharzlacken fast völlig verdrängt ist, sind die im Handel erhältlichen Schellacke nicht immer von guter Qualität.

Für die Schellackpolitur eignet sich gut die Sorte Rubin, sie muß aber klar sein und darf keine Wachsbeimengungen haben. Zur Herstellung des Schellacks füllt man eine Flasche zu ca. einem Fünftel mit den Schellackblättchen, füllt mit Äthylalkohol auf und schüttelt, bis alles gelöst ist.

Ein *abgekürztes Verfahren*, besonders geeignet für kleine Ausbesserungen, bei dem auch vorher gebeizt werden darf, ist das mehrmalige Aufstreichen der Politur mit Zwischenschliffen. Man verwende Papier der Körnung 220 bis 400. Nach genügender Trocknung wird auspoliert.

Normales Verfahren: Anfeuern mit Leinöl, das rötlich eingefärbt werden kann und einen Tag trocknen lassen.

Wollappen werden zu einem handlichen Ballen geformt und mit einem groben Leinenstück umhüllt. In diesen Ballen werden einige Tropfen Schellackpolitur geträufelt, und es wird unter Zugabe von Äthylalkohol und Bimssteinmehl die Fläche mit kreisenden Bewegungen *grundiert*. Dies soll mit Druck geschehen, damit das Bimssteinmehl und die Politur die Poren füllen. Nach dem Trocknen, das einige Tage erfordert, wird *aufgetragen*. Hierzu umhüllt man den Ballen mit weniger grobem Leinen und beträufelt diesen mit etwas mehr Politur als beim Grundieren. Die Fläche beginnt zu glänzen. Einige Tropfen Knochenöl (Polieröl) erleichtern das Gleiten des Ballens. Dieser darf jedoch nicht über die Fläche rutschen, sondern muß »ziehen« (erkennbar an der Wolkenbildung). Wenn nötig, kann man öfters ein paar Tropfen Verdünnung in den Ballen geben. Ganz wenig Bimssteinmehl, auf die Fläche gestreut, kann dazu dienen, eventuelle »Fahrer« – kleine Politurwülste – abzuschleifen. Es kann auch mit Schleifpapier der Körnung 400 zwischengeschliffen werden.

Das Werkstück muß wieder trocknen, bevor mit dem letzten Arbeitsgang, dem *Auspolieren* begonnen wird. Es wird ein etwas feineres Leinen verwendet, und der Ballen wird trockener gehalten, das heißt es werden wenig Politur und Verdünnung verwendet. Meist genügt die noch vom Auftragen im Ballen vorhandene Politur. Auch Öl darf nur noch ganz wenig genommen werden, da es nach dem Auspolieren entfernt werden muß. Dies kann mit handelsüblichem »Polish« geschehen oder auf traditionelle Weise, indem man auf die Fläche spuckt und mit einem Tuch unter Zugabe von ein paar Tropfen Alkohol abwischt. Die Schellackpolitur ist eine mühevolle und zeitraubende Prozedur, die überdies einige Übung verlangt. Aber bei richtiger Verarbeitung erzielt man eine Oberfläche, die in ihrem makellosen Glanz von keinem anderen Verfahren übertroffen wird.

Motiv für Messertechnik – bei Anfertigung mehrerer Stücke auch für Laubsägetechnik – nach einer Stickvorlage aus der 2. Hälfte des 19. Jahrhunderts. Die Gesichter werden graviert.

Fachbegriffe aus der Ornamentik und Kunstgeschichte, die mit Intarsien in Zusammenhang stehen

Akanthus	seit der Antike verwendetes Blattornament
Allegorie	sinnbildliche Darstellung
Amorette	geflügelte Kindergestalt, kleiner Liebesgott
Appliken	Wandleuchter oder Bronzezierrat an Möbeln
Arabeske	symmetrisches Rankenornament
Bandelwerk	reich geschwungenes, verflochtenes Bandornament
Blindholz	durch Furniere überdeckter Holzuntergrund
Bordüre	Randeinfassung
Ebenist	Kunsttischler
Emblem	Wahrzeichen, Sinnbild
Facette	Abschrägung
Fadeneinlagen	linienförmige Intarsien
Fries	schmaler Flächenstreifen, z. B. Rahmen einer Türe
gebaucht	geschweift
Gehrung	im Winkel aneinandergefügte Verbindung
Girlande	bandförmige Laub- oder Blumengewinde, Leisten oder Bänder
Groteske	Ornament mit Figuren, Tieren und Fabelwesen
Inkrustation	Steinintarsie
Kassette	Kästchen oder auch vertieftes Feld
Korpus	das massive, im Holz einheitliche Grundteil
Lisene	pfeilerartige, wenig hervortretende Möbelfläche eines Möbels
Mäander	antikes Bordürenmuster
Maureske	Flächenornament aus schematischen Linien
Mosaik	kleinteilige Zusammensetzungen
Ornament	Verzierung, Verzierungsmotiv
Palmette	palmenähnliches Ornament mit fächerförmig angeordneten Blättern
Parketterie	Fußbodeneinlage oder parkettähnliches geometrisches Muster
Rapport	Wiederkehr eines Musters oder Abstand
Rocaille	Muschelwerk
Rollwerk	Ornamente, die sich an den Enden einrollen
Rosette	rundes Ornamentmotiv
Schatulle	Schmuckkästchen
Stilmöbel	Möbel, die einen Stil früherer Zeit nachahmen
Volute	spiralförmig eingerolltes Ornament

Marketerie aus Sägeschnittfurnieren, Anfang 18. Jahrhundert, Vogel von Rocaillen umrahmt.

Weitere Bände der Reihe »Kunst und Handwerk aus Stift Geras«

Alwin Chemelli

Kleistermalerei

Kammzug – Marmorieren – alte Techniken

96 Seiten, 20 Farbtafeln, 90 Schwarzweiß-Abbildungen

»Die im 17. und 18. Jahrhundert weit verbreitete und heute wieder vermehrt angewandte dekorative Holz-Maltechnik des Kammzugs und des Marmorierens findet sich auf vielen bäuerlichen Möbeln. Das Buch beschreibt ausführlich die Techniken und Arbeitsvorgänge und regt mit vielen schönen Detailfotos zur Nachahmung dieser alten Handwerkskunst an.« *(Stuttgarter Zeitung)*

Robert de Caluwé

Ikonenmalerei

112 Seiten, davon 16 Farbtafeln, 137 Schwarzweiß-Abbildungen

»Caluwé gibt nicht nur eine exakte Anleitung für das Malen von Ikonen, er weist auch den Weg zu jener Verinnerlichung, die diese Kunst zur Vollendung führt. Zahlreiche Farbabbildungen und Zeichnungen der einzelnen Entstehungsphasen einer Ikone erleichtern den Zugang zu dieser Kunst.« *(Frankfurter Rundschau)*

Hertha Wascher

Alte bemalte Spanschachteln

96 Seiten, einschließlich 36 Seiten mit Farbbildern, 100 Musterzeichnungen

»Hertha Wascher, Sammlerin, Restauratorin und Herstellerin solcher kleiner Kunstwerke, stellt schöne Beispiele verschiedener Maltraditionen in 36 farbenprächtigen Bildern vor. Sie berichtet auch über die Geschichte und die Eigenheiten dieser Hausindustrie in den verschiedenen Gegenden . . . Darüber hinaus gibt die Verfasserin des originellen Buches anhand genauer Musterzeichnungen und Malanweisungen für Freunde bäuerlicher Kleinkunst, die nur etwas Begabung haben, Anleitung zum Selbermachen und Selbermalen.« *(Radio Bozen)*

rosenheimer

Schriftband und Detail eines Blattwerks.

Bildnachweis

Seite 17: Einlegearbeit nach einem Motiv aus dem 18. Jahrhundert, Ausführung: der Autor.
Seite 18: Motiv und Ausführung von Jürgen Koczy, Stuttgart, anläßlich eines Intarsienkurses in Geras.
Seite 35: Steinintarsie eines unbekannten Meisters aus der Sammlung des Autors.
Seite 36: Einlegearbeit nach einem Motiv aus dem 18. Jahrhundert, Ausführung: der Autor.
Seite 53: Das Maria Saaler Freilichtmuseum, ausgeführt von Ernst Strasser, A–9500 Villach.
Seite 54: Das Wappen der Harbecks, Ausführung: Hermann Harbeck, München, anläßlich eines Intarsienkurses in Geras.
Seite 71: Laden von Kommoden aus der Sammlung des Autors.
Seite 72: Entwurf: Franz Josef Schmid-Rathgeber, Haar, und der Autor, Ausführung: Franz Josef Schmid-Rathgeber anläßlich eines Intarsienkurses in Geras.

© 1985 ISBN 3–475–52473–2

Dieses Buch erscheint in der Reihe »Rosenheimer Raritäten« im Rosenheimer Verlagshaus Alfred Förg GmbH & Co. KG, Rosenheim.
Es wurde gesetzt, gedruckt und gebunden bei der Druckerei Ludwig Auer in Donauwörth.
Die Lithos fertigte E + R Repro in Donauwörth.
Die Fotos auf Seite 17, 35, 36, 53, 71 und 72 stammen von Wolfgang Hammerschlag, St. Veit/Glan, das Foto auf Seite 18 von Ralph Grimmel, Stuttgart, jenes auf Seite 54 von Ulrich Krebs, München.
Die Abbildungen auf den Seiten 10, 20, 25, 39, 41, 43 und 49 zeichnete Alwin Chemelli, Landeck. Die übrigen Zeichnungen stammen von Hans Kalian, Maria Saal.
Das Verzeichnis handelsüblicher Furniere auf den Seiten 28 und 30 wurde von der Firma Otto Stiller, Wien, zur Verfügung gestellt.
Der Umschlag wurde gestaltet unter Verwendung einer Einlegearbeit von Walter Turrini, die Foto-Rammel, Rosenheim, fotografierte.